L'HYPNOTISME

SES PHÉNOMÈNES & SES DANGERS

ÉTUDE

Par l'Abbé A. TOUROUDE

PRÊTRE

Agrégé à la Congrégation des SS. Cœurs dite de Picpus

PARIS

BLOUD ET BARRAL, LIBRAIRES-ÉDITEURS

4, rue Madame, & rue de Rennes, 59

L'HYPNOTISME

SES PHÉNOMÈNES & SES DANGERS

L'HYPNOTISME

SES PHÉNOMÈNES & SES DANGERS

~~~~~~~~

ÉTUDE

PAR L'Abbé A. TOUROUDE

PRÊTRE

Agrégé à la Congrégation des SS. Cœurs *dite* de Picpus

—◦⊶⧟⊷◦—

PARIS

BLOUD ET BARRAL, LIBRAIRES-ÉDITEURS

4, rue Madame, & rue de Rennes, 59

BESANÇON. — IMPR. ET STÉRÉOT. DE PAUL JACQUIN.

AVANT-PROPOS

~~~~~~~~~

Chaque année, il se tient, à Alençon, une grande foire qui dure tout un mois et qui attire une foule de saltimbanques et de charlatans. Cette année, il nous est venu un hypnotiseur qui a fait courir tous les habitants de la ville et des environs. L'aristocratie comme le menu peuple, les personnes les plus pieuses comme les plus mondaines, tout le monde voulait voir les expériences du sieur Taber. C'était un véritable affolement. Il paraît qu'il en est ainsi dans beaucoup de villes. L'empressement était d'autant plus grand que l'opérateur, disait-on, hypnotisait les premiers venus et des hommes connus de toute la ville; ce qui enlevait tout soupçon de supercherie. Chaque jour, il restait tant de curieux à la porte de la baraque du saltimbanque, que la municipalité crut devoir lui permettre de donner quelques séances dans la salle du théâtre.

Persuadé qu'il serait bon de faire voir où pouvait conduire un pareil entraînement, nous avons publié, dans le *Journal d'Alençon*, quelques articles pour montrer combien ces expériences, quelque curieuses et quelque intéressantes qu'elles pussent être, étaient dangereuses pour la santé, dangereuses pour les mœurs, et même dangereuses au point de vue religieux. Ces articles ont produit, paraît-il, l'effet d'un jet d'eau froide dans une chaudière à vapeur en ébullition ; l'enthousiasme est tombé tout à coup, et l'on a renoncé, comme par enchantement, aux pratiques hypnotiques, qui tendaient à devenir un amusement de salon. « Si vos articles avaient paru avant la foire, nous disait quelqu'un, pas un homme n'aurait osé assister à un pareil spectacle. »

Nous avons profité du moment où ces articles étaient composés pour le journal, afin de les réunir et d'en former une petite brochure, tirée à quelques exemplaires seulement, pour les soumettre à l'appréciation d'hommes compétents. Nous craignions qu'en voulant préserver les autres du danger, nous ne nous fussions nous-même fourvoyé dans une matière si délicate et encore si peu connue. Grâce à Dieu, notre travail a reçu l'approbation la plus complète de tous ceux à qui nous l'avons soumis.

« J'ai lu votre opuscule sur l'hypnotisme, nous écrit un savant professeur du séminaire de Saint-Sulpice, et je ne puis que donner mon assentiment à la doctrine sage et modérée dont vous vous êtes fait l'interprète. Comme vous, je pense que certains phénomènes hypnotiques sont d'ordre purement naturel ; mais comme il est difficile de les distinguer des autres, auxquels ils confinent et auxquels ils conduisent, j'en conclus que la pratique de l'hypnotisme est toujours suspecte et dangereuse, même lorsqu'elle n'est pas intrinsèquement mauvaise. Le cri d'alarme que vous avez si opportunément et si efficacement jeté, est donc un nouveau service rendu à la cause de la foi et de la morale chrétienne. »

« Pour vous dire toute ma pensée, nous écrit à son tour le supérieur d'un des principaux grands séminaires de France, je trouve vos quelques pages plus instructives et plus concluantes que le livre du P. Franco et même que celui de l'abbé Méric. La théologie trouvera dans votre publication, les conclusions morales à proposer aux fidèles, au sujet de cette pratique que la curiosité tendait à généraliser, au détriment de la foi et des mœurs. Donc, vous avez fait une œuvre bonne et utile, et je vous en félicite. »

Plusieurs autres supérieurs de séminaire et plusieurs professeurs de théologie nous ont écrit dans le même sens.

Une approbation que nous avions surtout à cœur d'obtenir, c'était celle de notre très Révérend Père Supérieur Général, si bon appréciateur de ces sortes de travaux. Voici ce qu'il répondait à notre communication :

« Cher Père, je viens de lire votre petite brochure avec le plus vif intérêt. Elle est bien conçue et très concluante. Courte et rapide dans son exposé, elle offre à tout esprit sérieux des raisons capables de détourner des pratiques de cette nouvelle forme de la magie. Il est certain que le démon est là et que celui-là est aveugle, qui ne veut pas l'y voir. Il est regrettable que votre brochure ne soit pas donnée à un libraire de Paris. Elle s'écoulerait très vite et produirait les meilleurs résultats.... Je ne trouve pas votre brochure inférieure à vos

Lettres au P. Hahn. Elle est un excellent résumé de ce qui a été de mieux écrit sur l'hypnotisme. »

De son côté, un savant ecclésiastique, chargé par son évêque d'étudier à fond cette difficile question, nous mandait : « Je suis de l'avis de ceux qui vous encouragent à publier votre *Etude;* certainement elle peut être très utile. Vous condensez, en effet, en quelques pages, ce qu'il faut penser de ce merveilleux antichrétien. A ce point de vue, votre travail est préférable à celui de M. Méric, trop peu concluant, et, il faut bien le dire, un peu trop naturaliste, timide à l'excès, et osant à peine se prononcer en bien des endroits. La clinique scientifique qu'il a suivie l'a trop impressionné. Cependant, c'est un bon ouvrage. Je vous préfère encore, toujours au même sens, au P. de Bonniot, lui trop vague, et s'embarrassant dans trop de questions secondaires. »

Quelques jours après, Mgr Gay, évêque d'Anthédon, daignait nous adresser la lettre suivante : « Mon Révérend Père, j'ai lu, avec le plus vif intérêt et le plus grand plaisir, votre opuscule sur l'hypnotisme. Vous ferez une œuvre utile en le publiant, et l'effet qu'il a déjà produit à

Alençon est le gage du succès qui l'attend ailleurs. Vous avez raison de le dire : la science, si respectable quand elle reste dans son domaine, ne donne point aux hommes le dernier mot de ces questions. Elles intéressent au plus haut point la morale et même la foi, et il est bon de rappeler aux chrétiens que l'Eglise, seul juge suprême et infaillible de l'une et de l'autre, a le droit et le devoir de régler en ceci la conduite de ses fils.

» Et puisque vous m'en fournissez l'occasion, j'en profite volontiers pour vous dire qu'à mon sens, il y a lieu de donner à vos savantes *Lettres au P. Hahn* toute la publicité possible.

» En vous félicitant encore de vos doctes travaux et en vous remerciant de l'envoi que vous avez bien voulu m'en faire, je vous prie, mon Révérend Père, d'agréer la nouvelle assurance de mes sentiments tout dévoués en Notre-Seigneur.

» † CHARLES,

» *Ev. d'Anthédon, anc. auxil. du card. Pie, év. de Poitiers.*

» 6 mai 1889. »

Le lendemain, Mᵍʳ l'évêque d'Orléans nous écrivait : « Mon cher Père, je suis en effet et j'encourage les études qui cherchent à éclaircir cette question si difficile et si inquiétante de l'hypnotisme. Je vois un grand nombre d'âmes inquiètes. Comment déterminer les limites du naturel et du surnaturel ? Il faut cependant défendre la foi des âmes timides ou insuffisamment instruites ; il faut sauvegarder nos miracles et nos saints.

» Bien que perdu dans une longue tournée pastorale, je lirai votre travail et je souhaite qu'il ait le même succès que vos écrits sur notre grande et vénérée sainte Thérèse.

» Merci donc, tout d'abord, mon cher Père, courage et bénédiction au vaillant défenseur de la vérité !

» † PIERRE, *év. d'Orléans.* »

A la suite de ces approbations si flatteuses, cédant aux instances qui nous étaient faites par un grand nombre de personnes, et en particulier par Mgr l'évêque de Séez, qui voudrait, nous disait-il, voir notre brochure en vente dans toutes les villes de son diocèse, afin d'éloigner de ces spectacles dangereux une foule de personnes qui n'en soupçonnent pas le péril, nous nous sommes décidé à rééditer nos articles.

Cependant, nous ne pouvions nous dissimuler combien ce travail était incomplet sur plusieurs points. Obligé de nous restreindre pour ne pas accaparer, aux dépens de la politique, toutes les colonnes du *Journal d'Alençon*, qui ne paraît que trois fois par semaine, nous avions été contraint de laisser de côté des détails très intéressants. Ainsi, on nous a témoigné le regret de n'avoir pas trouvé dans notre *Etude* quelques renseignements sur l'origine et les développements de l'hypnotisme. Nous nous sommes efforcé de combler ces lacunes et de réparer ces omissions, tout en nous renfermant dans les bornes étroites d'une modeste brochure.

Ce n'est pas un nouveau traité sur l'hypnotisme que nous présentons à nos lecteurs, c'est simplement un résumé, aussi exact et aussi complet qu'il nous a été possible, des phénomènes constatés par les hommes les plus capables de les apprécier. Leur intelligence, leur science, leur expérience, leur haute position sociale, l'estime dont ils jouissent et la dignité de leur caractère, nous sont de sûrs garants qu'ils n'ont pu se laisser tromper et que l'on peut croire, sans imprudence, à la réalité des faits qu'ils affirment.

Ce n'est donc pas pour ceux qui ont déjà fait une étude approfondie de cette question que nous écrivons, mais pour cette multitude de personnes qui n'ont ni le temps ni le goût de lire de longs ouvrages scientifiques, et qui n'ont pas la moindre idée de l'hypnotisme. Cependant, cette forme nouvelle des sciences occultes pénètre partout et passionne tous les esprits. La foule court à ces spectacles émouvants, ignorant combien ces expériences peuvent être nuisibles à ceux qui s'y soumettent et même aux simples spectateurs, surtout s'ils sont très impressionnables.

Puisse cette courte étude montrer combien agissent sagement les pères de famille qui ne veulent pas permettre à leurs femmes et à leurs enfants d'y assister, et préserver à l'avenir les hommes prudents, d'une curiosité malsaine.

Alençon, le 19 juillet 1889.

L'HYPNOTISME

;ON ORIGINE & SES DANGERS

~~~~~~~~~~~~~~~~~~~~~~~~~~~~~~~~~~~~~~

I.

ORIGINE DE L'HYPNOTISME.

L'hypnotisme, disent la plupart des auteurs, est un
)t inventé par Braid, médecin anglais, pour dé-
ner *un sommeil artificiel du système nerveux*,
oique le mot *sommeil* ne soit pas bien exact, puis-
'il y a, dans l'hypnotisme, des phénomènes qui ne
;semblent à rien moins qu'au sommeil. Aussi Paul
:her, copiant Braid presque à la lettre, le définit-il :
'ensemble des états du système nerveux déterminé
r des manœuvres artificielles (¹). » Le docteur
arcot, le chef de l'école des hypnotiseurs contem-
rains, parlant devant l'Académie des sciences, le
février 1882, le définissait « une névrose expéri-

1) Paul RICHER, *La grande hystérie*, 1885, p. 512; BRAID, p. 18.

mentale (1) ; » « à divers degrés d'intensité, » ajoutent les docteurs Dumontpallier et Magnin (2). Enfin Charles Trotin définit l'hypnotisme arrivé à sa perfection : « la provocation artificielle du sommeil somnambulique (3). »

« C'est une sorte de sommeil, dit Cullerre, plus ou moins profond, plus ou moins accompagné de caractères spéciaux qui permettent de le diviser en plusieurs périodes, pendant lesquelles le sujet réagit d'une manière différente. Ces périodes sont désignées sous les noms de *léthargie*, de *catalepsie* et de *somnambulisme*, qu'on voit se développer spontanément, de temps en temps, chez certaines personnes d'un tempérament névro-pathique (4). »

« Si l'on considère l'hypnotisme au point de vue historique, dit Trotin, son origine se confond avec l'histoire du *magnétisme animal*. Ses phénomènes sont identiques et beaucoup d'effets s'en rapprochent singulièrement (5). » Voilà pourquoi Paul Richer ne croit pas devoir établir, du moins jusqu'à présent, de séparation tranchée entre l'hypnotisme et le magnétisme animal (6). D'où nous conclurons, avec le P. Franco, que « l'hypnotisme d'aujourd'hui, tant celui des cli-

(1) CULLERRE, *Magnétisme et hypnotisme*, 1886, p. 280.

(2) MAGNIN, *Etude clinique et expérimentale sur l'hypnotisme*.

(3) Charles TROTIN, *Etude morale sur l'hypnotisme. Revue des sciences ecclés.*, 1887, 2ᵉ partie, p. 227.

(4) CULLERRE, *Magnétisme et hypnotisme*, 1886, p. 2.

(5) Charles TROTIN, *Etude morale sur l'hypnotisme. Revue des sciences ecclés.*, 1887, p. 227.

(6) Paul RICHER, *La grande hystérie*, 1885, p. 505.

niques secrètes que celui des théâtres, n'est point une
découverte nouvelle, c'est même une chose vieille,
très vieille; c'est le magnétisme repris à l'état où il
était, il y a un demi-siècle, une seconde édition d'un
livre tombé dans l'oubli [1]. » C'est, au fond, la
même chose que les expériences de Mesmer avec son
baquet, de Cagliostro avec ses philtres, du marquis
de Puységur avec son orme magnétisé. Il n'y a de
changé que le nom et quelques procédés.

On peut même dire que les phénomènes hypnotiques se retrouvent sous différents noms, dans tous
les temps et dans tous les pays. « La puissance de
cet agent (le magnétisme), dit Dupotet, alternative-
ment oubliée et retrouvée, recherchée d'âge en âge,
a été l'objet des travaux d'une foule de philosophes ;
on sait quel pouvoir les anciens accordaient à certaines pratiques [2]. »

Cette puissance mystérieuse, qui détermine de si
bizarres effets cataleptiques chez certains sujets, est
connue depuis les temps les plus reculés et pratiquée
journellement en Orient. Tous les voyageurs qui ont

---

(1) P. FRANCO, *L'hypnotisme revenu à la mode*, 1888, p. 95.
NOTE. — A l'occasion des expériences de Donato à Turin et à Milan et de plusieurs magnétiseurs, le P. Franco publia, en 1886,
dans la *Civiltà cattolica*, une série d'articles sur l'hypnotisme qu'il
réunit ensuite dans un volume. Cet ouvrage, très bien fait, a été
traduit, en 1888, par M. de Villiers de l'Isle-Adam. Nous avons
fait de nombreux emprunts au P. Franco, dont nous partageons les
idées sur l'hypnotisme.

(2) DUPOTET, *Traité complet du magnétisme animal* ; CULLERRE,
loc. cit., p. 5.

parcouru l'Inde parlent, avec étonnement, des fakirs qui restent pendant un temps considérable dans les positions les plus extraordinaires, plongés dans un état complet d'insensibilité et sans faire le moindre mouvement. En regardant l'extrémité de leur nez ou leur ombilic, ils arrivent ainsi à produire, sur leur propre personne, un état singulier de raideur automatique. « Telle est la marche de la science et du monde, dit la *Revue de l'Orient,* en se moquant un peu des docteurs de nos jours. Depuis une longue suite de siècles, les prêtres indiens connaissent le moyen de produire l'insensibilité par la fixité du regard, et c'est dans le XIXᵉ siècle, au milieu des meilleures conditions scientifiques, que les savants européens arrivent à le découvrir de nouveau [1]. »

Sans remonter aux siècles passés, nous nous bornerons aux temps modernes, et pour nous rendre compte de l'origine, de la marche et des progrès de l'hypnotisme, nous suivrons le docteur Grasset, professeur à la Faculté de médecine de Montpellier, qui divise son évolution historique en trois périodes : la première, Mesmer et le magnétisme animal, de 1778 à 1841 ; — la deuxième, Braid et l'hypnotisme, de 1842 à 1874 ; — la troisième, les contemporains, le somnambulisme provoqué et la suggestion, de 1875 à 1889.

---

[1] LAROUSSE, *Dictionn.*, art. Hypnotisme.

§ 1er.

Mesmer et le magnétisme animal
(1778-1841).

I. Au commencement de 1778, arriva de Vienne à Paris un médecin nommé Mesmer, né à Itzmung, dans la haute Souabe (1). Dès l'année 1766, ce docteur s'était fait connaître par une thèse intitulée *De planetarum influxu*, dans laquelle il prétendait démontrer l'existence et l'action d'un fluide répandu partout et par l'intermédiaire duquel les corps célestes influent sur les corps animés. Il commença alors à traiter les malades par le magnétisme minéral, en appliquant des aimants sur les parties malades. Puis, ayant cru reconnaître que la seule application des mains sur le corps produisait le même effet que l'aimant, il proclama l'existence d'un magnétisme propre aux êtres animés, qui pouvait se transmettre d'un individu à l'autre, et qu'il nomma *magnétisme animal*. Non pas, dit Charles Richet (2), qu'il l'assimilât d'une manière spéciale à l'aimant, mais parce que d'après lui une force qui s'exerce à distance, sans contact direct, est une force magnétique. Il prétendait avoir trouvé le secret de s'emparer de ce fluide et de

(1) BOUILLET, *Dict. universel*, art. Mesmer.
(2) Charles RICHET, *Revue de la Soc. biol.*, 17 mai 1884, p. 334.

rétablir la santé, en l'accumulant dans le corps des malades (1).

Ayant eu des démêlés avec la Faculté de médecine de Vienne, qui le considérait comme un charlatan et qui le fit inviter, par l'impératrice Marie-Thérèse, à mettre fin à ses supercheries, Mesmer se rendit à Paris.

« Il ne pouvait choisir, dit un auteur (2), un plus beau théâtre pour ses expériences magnétiques, ni de pays où l'on trompe plus facilement par l'attrait de la nouveauté, surtout si cette nouveauté promet des merveilles. » « Ramas d'individus de contrées diverses, dit Virey, et même de toute l'Europe, mélange hétérogène de gens poussés par l'intérêt, l'ambition, la curiosité, tourbillon de riches oisifs, fatigués d'ennui, et de femmes délicates plongées dans la mollesse, la satiété des plaisirs; au milieu d'une populace avide de nouveautés et de tout ce qui fait spectacle, Paris offrait, surtout à cette époque, un théâtre favorable à tous les esprits audacieux et entreprenants. De tout temps, la nouveauté, la singularité même, ont eu des droit tout-puissants sur l'esprit des Parisiens, toujours curieux et nouvellistes, comme les anciens Athéniens, auxquels ils ressemblent à tant d'égards (3). »

Sans nous arrêter à décrire les diverses manières de procéder de Mesmer, et sans parler du fameux ba-

---

(1) GRASSET, *Maladies du système nerveux*, p. 1030.
(2) *Biographie universelle*, édition Henrion, 1836, art. Mesmer.
(3) VIREY, *Dict. des sciences médicales*, art. Magnétisme. 1818.

quet dont il se servait pour provoquer des crises
salutaires (1), nous nous contenterons de dire que
pour rendre ces crises plus promptes et plus efficaces, il s'asseyait, le dos tourné au nord, devant la
personne à magnétiser; ses pieds touchaient ses
pieds, ses yeux étaient fixés sur ses yeux, il tenait
ses genoux serrés dans les siens et se mettait ainsi
en rapport avec elle. Puis il promenait ensuite douce-
ment ses mains sur les yeux, les joues, les bras,
insistant surtout sur les parties inférieures du corps
et s'efforçant de toucher la partie malade. Il faisait
de temps en temps, et avec les mains, des gestes
presque imperceptibles, comme s'il eût jeté des
gouttes d'eau sur le visage de la malade; cela s'appelait lancer le fluide magnétique. Les personnes
qui avaient un tempérament ardent, un système
nerveux délicat et irritable, les femmes surtout, ne
tardaient pas à éprouver une certaine crise qui se
manifestait par des pleurs ou par des rires immodérés, par des cris perçants, par des convulsions,
par un sommeil ou somnambulisme complet. « On
voit, dit Grasset, qu'en laissant de côté la précaution,
absolument superflue, de la polarisation, c'est bien
là la position indiquée encore aujourd'hui pour endormir les sujets (2). » Et nous pouvons ajouter : ce
sont bien là les différents phénomènes qui se produisent dans l'hypnotisme.

(1) Voir, pour ces détails, l'Appendice A, à la fin de l'*Etude*.
(2) GRASSET, *loc. cit.*, p. 1030.

« Il ne faut pas oublier, dit Cullerre, qu'à son début, le magnétisme s'adressait aux malades, surtout aux malades incurables. Le bruit s'étant répandu qu'on guérissait autour du baquet de Mesmer, on s'y précipita, comme on se précipite chez le charlatan en vogue [1]. »

Le succès de Mesmer fut immense. Après avoir débuté modestement dans un quartier solitaire, comme s'il était venu à Paris pour y vivre ignoré, il ne tarda pas à se faire de nombreux adeptes, même parmi les hommes les plus considérables, à la fois ses dupes et ses protecteurs, auxquels il vendait chèrement son secret. Il fit des prosélytes jusque dans le sein de la Faculté de médecine de Paris, où l'on compta bientôt trente docteurs magnétisants. Une société d'adeptes, sous le nom de *Société de l'harmonie*, se fonda à Paris et ne tarda pas à voir grossir le nombre de ses membres. « Tous ceux des initiés de Mesmer qui, en imitant ses procédés, avaient produit assez d'effets pour se croire suffisamment instruits, allèrent aussitôt porter le magnétisme dans les provinces. La propagation fut si rapide, qu'en moins de trois mois, il y eut des traitements magnétiques à Versailles, à Amiens, à Auxerre, à Dijon, à Saint-Etienne, à Lyon, à Valence, à Marseille, à Bayonne, à Brest. » En général, les militaires furent, entre tous les adeptes de la nouvelle doctrine, ceux qui se dévouèrent avec le plus de cha-

(1) CULLERRE, p. 43.

leur à sa propagation et à sa pratique. Le capitaine du
génie Tardy de Montravel se rendit célèbre par les
cures merveilleuses qu'il opéra dans sa garnison à
Valence. Mais, comme nous le verrons plus loin,
personne ne prit plus à cœur le magnétisme que
MM. de Puységur, dans les différentes armes où ils
servaient (1).

Mesmer n'avait pas tardé à quitter son modeste
hôtel et s'était installé dans une habitation splendide.
Ses salons étaient devenus à la mode et le rendez-
vous journalier de la brillante compagnie de Paris.
Les dames principalement se montraient passionnées
pour le mesmérisme, et couraient après le magnétisme avec la même fureur qu'elles couraient après
les modes, les spectacles et les bals, et il était devenu
de bon ton de se faire magnétiser.

On ne parlait partout que des cures merveilleuses
opérées par ce nouvel agent thérapeutique. Le gouvernement finit par croire que Mesmer avait fait une
importante découverte, qu'il fallait rendre publique
dans l'intérêt de l'humanité. Au mois de mars 1781,
il fit offrir à Mesmer une rente viagère de vingt mille
livres, plus dix mille livres pour le loyer de la maison
qu'il reconnaîtrait propre à recevoir et à former des
élèves qu'il choisirait lui-même. Mesmer rejeta ces
propositions avec hauteur; il demandait la propriété
d'un château qu'il désignait, avec toutes ses dépendances, et une rente de vingt mille livres. On jugea

de telles prétentions inacceptables; les pourparlers furent rompus, et pendant trois ans, Mesmer continua à magnétiser et à étonner le public par des guérisons qu'on trouvait miraculeuses.

A la fin, le gouvernement, froissé des insultants refus qu'il avait subis, s'ennuya du bruit qui se faisait autour de ce médecin étranger. Le 12 mai 1784, le roi nomma une commission chargée d'étudier à fond le magnétisme. Cette commission était composée de plusieurs membres de la Société royale de médecine, parmi lesquels était Laurent de Jussieu, et de cinq membres de l'Académie des sciences, parmi lesquels figuraient Franklin, Lavoisier et Bailly. Le rapport de la commission fut complètement défavorable, tant au point de vue de la science médicale qu'au point de vue de la morale. D'après le rapport de Bailly, parlant au nom de l'Académie des sciences, rien ne prouve l'existence du fluide magnétique animal, qui ne peut être aperçu par aucun de nos sens et dont on ne peut, par conséquent, constater l'utilité. A ce rapport destiné à être rendu public, en était joint un autre qui devait rester secret, et qui dénonçait les pratiques mesmériennes comme dangereuses pour la moralité publique. Le rapport de la Société royale de médecine, d'une forme moins brillante, dit Cullerre (1), était tout aussi catégorique. « Nous pensons, disent les commissaires, que le prétendu magnétisme animal est un système ancien

(1) CULLERRE, *loc. cit.*, p. 50.

et tombé dans l'oubli, que ce système est absolument dénué de preuves, que les effets produits par le prétendu moyen de guérir sont plutôt nuisibles qu'utiles et qu'ils sont dangereux, en ce qu'ils peuvent faire contracter à des personnes bien constituées, des habitudes spasmodiques des plus fâcheuses pour la santé [1]. » « Le rapport pouvait se résumer ainsi, dit Grasset ; comme effet immédiat, le magnétisme n'est que l'art de faire tomber en convulsions les personnes sensibles ; au point de vue curatif, le magnétisme est inutile et dangereux [2]. »

Nous devons toutefois ajouter que Laurent de Jussieu, se séparant de ses collègues de la commission, refusa de signer ce rapport, parce qu'à son avis, les causes auxquelles ils attribuaient le magnétisme n'étaient pas suffisantes pour expliquer les phénomènes observés, dont plusieurs semblaient exiger un examen sérieux et approfondi. La suite fit voir que la réserve de Laurent de Jussieu était fondée [3].

Néanmoins, le rapport de la commission fut un coup de foudre pour Mesmer, qui quitta Paris pour se retirer, bientôt après, dans sa patrie, avec une fortune très considérable, fruit de la crédulité française, laissant la place à Cagliostro, qui, de son côté, par d'autres cures merveilleuses et par sa fantasmagorie, offrait un spectacle plus amusant aux Parisiens, toujours avides de nouveautés.

---

(1) *Rapport de la Société royale de médecine*, 1784.
(2) Grasset, *Maladies du système nerveux*, p. 1030.
(3) Cullerre, *Magnétisme et hypnotisme*, p. 50.

II. Nous ne dirons presque rien de ce fameux aventurier, dont les procédés ont peu de rapport avec le magnétisme animal, mais qui, comme Mesmer, produisait des guérisons par des opérations qui touchaient au somnambulisme : imposant les mains sur la tête, sur les yeux et sur la poitrine des malades, et faisant silencieusement des signes bizarres, que l'ordre appelait des mythes ou symboles [1].

A son arrivée à Paris, au mois de janvier 1785, Cagliostro avait déclaré qu'il ne voulait plus s'occuper de médecine ; il se donnait pour un thaumaturge, et il fit en cette qualité, dit Figuier, d'assez grands miracles ou d'assez grands tours, pour éclipser un moment toute autre célébrité contemporaine. La guérison du prince de Soubise mit le comble à sa réputation [2]. Dans le peuple, dans la bourgeoisie, chez les grands et surtout à la cour, l'admiration alla pour lui jusqu'au fanatisme. On ne l'appelait que le *divin* Cagliostro. Mais au plus fort de ses succès, il se trouva mêlé à la fameuse affaire du *Collier*. Arrêté, conduit à la Bastille, il passa en jugement le 30 août 1786. Il fut déchargé de l'accusation ; mais le lendemain il recevait l'ordre de quitter Paris dans les vingt-quatre heures. Trois semaines après, il quittait la France et s'embarquait pour l'Angleterre [3].

Le rapport de la commission de 1784 et le départ de Mesmer ne firent point cesser les opérations ma-

(1) FIGUIER, *Histoire du merveilleux*, t. IV, p. 15.
(2) IDEM, t. IV, p. 39.
(3) Voir, Appendice C, une notice sur Cagliostro.

gnétiques. Mesmer avait fait de nombreux élèves, parmi lesquels figuraient, au premier rang, le docteur Deslon et le marquis de Puységur avec ses frères.

Deslon, à peine âgé de trente ans et déjà docteur régent de la Faculté de médecine de Paris, premier médecin ordinaire du comte d'Artois, frère du roi, s'était enthousiasmé pour cette nouvelle méthode de guérir, et après avoir été l'élève de Mesmer, était devenu son zélé collaborateur. Plus tard il se sépara de son maitre et créa pour son propre compte une clinique magnétique. Il obtint bientôt une grande vogue, au grand scandale de ses confrères de la Faculté, qui le sommèrent d'avoir à cesser ses pratiques extraordinaires et qui finirent par le rayer du tableau des médecins de la Faculté. Ce qui ne l'empêcha pas de continuer à magnétiser et à publier différents ouvrages pour défendre le magnétisme.

Le marquis de Puységur n'avait pas moins de zèle pour le magnétisme. Persuadé que par ce moyen on pouvait guérir ou du moins soulager toutes sortes d'infirmités, il se mit à magnétiser les malades dans un but humanitaire. Ce fut dans le cours de ses opérations qu'il découvrit par hasard le *somnambulisme magnétique*, découverte, dit Figuier, qui donna une portée inouïe et un caractère tout nouveau à la science magnétique.

« Un jour, raconte Cullerre, il avait magnétisé un paysan alité pour une maladie aiguë. A son grand étonnement, il le vit tomber dans un sommeil paisible, puis se mettre à parler et à s'occuper de ses affaires. Puységur s'aperçut qu'il pouvait à volonté diriger ses pensées, lui faire croire qu'il assistait à une fête, qu'il dansait ou se livrait à des exercices d'adresse. Bientôt ces cas se multiplièrent entre les mains de l'opérateur, et, au bout de quelques mois, il en comptait jusqu'à dix. « Je ne connais, écrivait-il avec enthousiasme, rien de plus profond et de plus clairvoyant que ce paysan, quand il est en crise. J'en ai plusieurs qui approchent de son état, mais aucun ne l'égale. » On venait de très loin pour assister à ces séances de somnambulisme et on s'en retournait émerveillé (1).

Ne pouvant suffire à magnétiser personnellement tous les malades qu'attirait à sa terre de Buzancy le grand renom qu'il s'était acquis, il magnétisa, à l'exemple de Mesmer, un arbre séculaire, sous les rameaux bienfaisants duquel tous ses patients pouvaient à la fois trouver place. Il suffisait de tenir dans ses mains une grande corde enroulée autour de l'arbre pour tomber en somnambulisme et s'en retourner soulagé (2)

Les arbres magnétisés furent bientôt à la mode. Le marquis Tissart du Rouvre en prépara un, vers le même temps, dans sa terre de Beaubourg, en Brie, à six lieues de Paris. Il servait de pivot à des milliers de cordes et de ficelles qui, partant de son tronc, allaient, en rayonnant de tous côtés, atteindre au

---

(1) CULLERRE, *Magnétisme et hypnotisme*, p. 53.
(2) Voir, pour plus de détails, l'Appendice B.

loin dans la campagne. Les malades pouvaient en
saisir les extrémités à une grande distance, et s'épar-
gnaient ainsi en partie les fatigues du pèlerinage (1).

Dans d'autres expériences, M. de Puységur attire à
lui son sujet et s'en fait suivre partout où il veut.
Pour l'éveiller, il lui touche les yeux ou l'envoie embrasser l'arbre qui l'a endormi tout à l'heure, et qui
maintenant le désenchante. La crise passée, celui-ci
ne se souvient plus de rien. Ce sont là des traits
réels du somnambulisme scientifique, y compris le
principe formulé par Dumontpallier : « l'agent qui
fait, défait (2). » Comme dit Déchambre, on reconnaît là, dans son berceau, le magnétisme de nos
jours.

Le marquis de Puységur avait découvert le somnambulisme magnétique, le docteur Petétin, président
de la Société de médecine de Lyon, découvrit, vers
l'année 1787, la catalepsie, ou plutôt, comme le dit
Cullerre (3), les phénomènes cataleptiformes. Appelé
auprès d'une jeune femme extrêmement malade et
qui avait entièrement perdu l'usage de ses sens, il
remarqua avec étonnement qu'ayant soulevé un de
ses bras, ce bras gardait la position qu'il lui avait
donnée et qu'il en était ainsi des autres membres ;
c'était la catalepsie. Il remarqua, en outre, chez cette
dame et chez plusieurs autres de ses malades, le
phénomène connu sous le nom de *transposition des*

(1) Figuier, *Histoire du merveilleux*, p. 250.
(2) Grasset, *Maladies des nerfs*, p. 1031.
(3) Cullerre, *Magnétisme et hypnotisme*, p. 55.

sens (¹). Nous nous contentons en ce moment de signaler un grand nombre d'expériences dont Petétin voulut rendre témoins plusieurs de ses confrères et d'autres personnes éclairées, telles que MM. Eynard, Colladon, de Genève, Domenjon, Dolomieu et M. Jacquier, administrateur des hôpitaux de Lyon, parce que, d'après Cullerre, « la réalité de la transposition des sens paraît plus que problématique aux yeux du plus grand nombre des hommes de science, quoiqu'elle soit encore acceptée aujourd'hui par quelques-uns. » Nous en tirons seulement cette conséquence, c'est que les phénomènes dont on se préoccupe aujourd'hui avaient déjà été observés dans le siècle dernier.

Tandis que M. de Puységur et le docteur Petétin rejetaient le *magnétisme animal* de Mesmer et rapportaient tous les phénomènes à ce qu'ils appelaient l'*électricité animale*, ou *électro-magnétique humain*, il s'était formé à Lyon, dès l'année 1784, une autre école de magnétisme qui reconnaissait pour chef le chevalier Barbarin. Celui-ci n'agissait que par un pouvoir tout spirituel et faisait de l'âme le principe et l'agent de tous les phénomènes. La seule force d'action employée chez les spiritualistes de l'école de Barbarin était la prière. Par là, ils se vantaient de porter des impressions ressenties à la distance de plus d'une lieue, de magnétiser une personne à son insu, sans être mis en rapport avec elle, à la condition

(1) Pour le récit de cette découverte, voir l'Appendice D.

toutefois de la connaître et de l'avoir vue. « L'âme,
disait Charles Villars, officier au régiment de Metz et
grand partisan de Barbarin, dans un ouvrage plus sérieux que ne l'indique son titre, ajoute Figuier (1), et
qui, à cause de ce titre, fut mis au pilon, en 1787,
par ordre de M. de Breteuil, l'âme, par la force de
sa volonté, peut porter son action sur un autre être
organisé ; il suffit, pour cela, qu'elle pense fortement
à lui...., C'est là tout le magnétisme : il consiste dans
une concentration énergique sur le sujet, avec une
volonté décidée d'obtenir tel ou tel résultat. Les
procédés aident cette action, mais ils ne sont pas
nécessaires, ils servent à fixer et à diriger l'attention.

» Pour que l'âme d'un individu agisse sur celle d'un
autre, il faut que les deux âmes s'unissent en quelque sorte, qu'elles concourent au même but, qu'elles
aient des affections connues. »

Ajoutons que dans cette école dite des *spiritualistes*, il y avait une secte qui admettait l'intervention d'agents supranaturels, d'*esprits*, comme ils
disaient, dans un certain nombre de phénomènes
magnétiques.

Chacune de ces sectes avait de nombreux et fer-
vents adeptes, lorsque la Révolution vint arrêter et
disperser toutes les sociétés de l'*Harmonie* et tous les
fidèles du fluide. Quand chacun tremblait pour sa fortune et pour sa vie, on songeait plutôt à les défendre

(1) FIGUIER, *Histoire du merveilleux*, t. III, p. 262.

et à les sauver qu'à se livrer à l'étude des sciences occultes; comme le dit Bertrand (1), « l'importance des événements qui se succédaient sans relâche ne laissait pas aux esprits le calme nécessaire pour s'occuper sérieusement d'observations scientifiques. Mais, dès 1815, on vit renaître le magnétisme; quelques adeptes échappés à la tourmente révolutionnaire se retrouvèrent, et le marquis de Puységur fonda à Paris une nouvelle société de l'Harmonie (2). »

L'homme qui fit le plus de bruit à cette époque fut l'abbé Faria, que Grasset appelle le *Brahmine*, parce qu'il était né à Goa, d'un Indou idolâtre et d'une Portugaise (3). Ce qui distinguait ce nouvel apôtre du magnétisme, c'est que magnétisant à outrance (il se vantait lui-même d'avoir fait tomber en somnambulisme plus de cinq mille personnes) (4), il avait fait schisme avec tous ses confrères. Il rejetait toutes les théories régnantes; il ne croyait ni au fluide, ni à la puissance de la volonté, ni à l'efficacité des évocations spiritualistes. Tandis que le marquis de Puységur attribuait les phénomènes magnétiques à la foi et à la volonté du magnétiseur : *croyez* et *veuillez*, répétait-il sans cesse; l'abbé Faria proclamait la nature subjective de ces phénomènes et soutenait que

---

(1) BERTRAND, *Du magnétisme animal en France*, p. 236.
(2) CULLERRE, *Magnétisme et hypnotisme*, p. 55.
(3) GRASSET, *Maladies du système nerveux*, p. 1031.
(4) Conduit fort jeune à Lisbonne, où il fit son éducation, l'abbé Faria entra dans les ordres à Rome; il se fixa ensuite à Paris, où il mourut en 1815.

la cause, quelle qu'elle soit, du somnambulisme, réside dans le sujet même et non dans le magnétiseur, sans la volonté et même contre la volonté duquel ce sommeil peut se produire. Voici comment il procédait : il faisait asseoir dans un fauteuil la personne qui voulait se soumettre à son action, l'engageait à fermer les yeux en se recueillant ; puis, tout à coup, d'une voix forte et impérative, sans passes ni gestes, il s'écriait : Dormez! Et le sujet, après une légère secousse, tombait dans l'état que l'abbé Faria désignait par un mot qui est resté : *le sommeil lucide*. L'effet produit sur les somnambules par l'abbé Faria était si foudroyant qu'ils l'appelaient l'*ennemi de leur repos*. C'est alors qu'après avoir endormi son sujet par suggestion, il lui suggérait tout ce qu'il voulait, déterminait à son gré, chez ses somnambules, des illusions des sens analogues à celles qui sont de pratique courante en hypnotisme. C'est de l'abbé Faria, dit encore Déchambre, que date la faculté qu'ont les magnétiseurs de donner à un breuvage le goût qu'il leur plaît, de changer l'eau en lait et la piquette en vin de Champagne (1).

Paris s'occupa quelque temps de l'abbé Faria et de ses prestiges : ses cours, quoique payants, étaient fort suivis ; mais les épigrammes et les plaisanteries des journaux mirent fin à ses expériences et il tomba sous le poids du ridicule.

Il n'en fut pas de même du cours établi, dès le

(1) GRASSET, *Maladies du système nerveux*, p. 1033.

début de sa carrière médicale, par un jeune docteur, Alexandre Bertrand, ancien élève de l'Ecole polytechnique. Ce cours et les ouvrages publiés à la suite eurent un grand retentissement, tandis qu'un autre médecin, Georget, plaidait également la cause du magnétisme et l'examinait sérieusement dans sa *Physiologie du système nerveux.*

Les expériences faites, en 1820, à l'Hôtel-Dieu, par Dupotet, et dans divers autres hôpitaux de Paris, les années suivantes, par Robouam, Georget, Foissac, etc., auxquelles assistaient un grand nombre de médecins, avaient des résultats, dit Figuier, à faire tomber à la renverse les adversaires les plus robustes du magnétisme, et démontrèrent la réalité du sommeil somnambulique et des phénomènes qui l'accompagnent, tels que l'anesthésie ou l'insensibilité. Récamier posa plusieurs moxas sans que les patients endormis donnassent le moindre signe de douleur. Chez une femme mise en somnambulisme par Dupotet, on put constater non seulement l'anesthésie, mais encore l'absence de perception pour toute excitation sensorielle produite par d'autres que par le magnétiseur. Lui seul pouvait entrer en communication avec elle et éveiller ses sens indifférents au monde extérieur. Ces expériences convainquirent un grand nombre de médecins de la réalité des phénomènes magnétiques (1). C'est après une de ces expériences que Dupotet dit un jour à Récamier : « Etes-

(1) CULLERRE, *Magnétisme et hypnotisme,* p. 57.

vous convaincu, maintenant? — Non, répondit
Récamier, mais je suis ébranlé (1). »

A la requête de Foissac, l'Académie de médecine,
malgré toutes ses répugnances, se décida enfin, après
des discussions longues et passionnées, à nommer,
le 28 février 1826, une commission permanente,
composée de neuf membres, pour se livrer à l'étude
du magnétisme animal et lui faire un rapport sur
cette question. La commission se mit de suite à
l'œuvre; mais les adversaires du magnétisme lui
suscitèrent tant d'obstacles qu'elle fut plus d'une fois
obligée de suspendre ses travaux. Ainsi, l'adminis-
tration interdit les expériences dans les hôpitaux,
et ce ne fut qu'au bout de cinq ans, le 21 et le
28 juin 1831, que le rapporteur, le docteur Husson,
put lire son rapport à l'Académie. Ce rapport était
entièrement favorable au magnétisme. Il acceptait
comme démontrés par les expériences dont la commission avait été témoin, non seulement le somnambulisme provoqué, mais encore les faits de clairvoyance et de prévision (2). On peut conclure avec
certitude, dit le rapport, article 11 des Conclusions,
que l'état de somnambulisme existe, quand il donne
lieu au développement des facultés nouvelles qui
ont été désignées sous les noms de *clairvoyance*,
d'*intuition*, de *prévision intérieure*, ou qu'il produit
de grands changements dans l'état psychologique,

(1) Figuier, *Histoire du merveilleux*, t. III, p. 295.
(2) Cullerre, *Magnétisme et hypnotisme*, p. 58.

comme l'*insensibilité*, un accroissement subit et considérable de force et quand cet effet ne peut être rapporté à une autre cause. »

Ce rapport causa une vive émotion à l'Académie, qui comptait peu de partisans du magnétisme dans son sein. Le docteur Boisseau demanda une seconde lecture : « On nous entretient de miracles, s'écriat-il, nous ne pouvons trop bien connaître les faits pour les réfuter. » Un autre membre ayant demandé l'impression du rapport, Castel s'y opposa de toutes ses forces : « Si la plupart des faits consignés dans ce rapport étaient réels, s'écria-t-il, ils détruiraient la moitié des connaissances physiologiques et il serait dangereux de propager ces faits par l'impression. »

Roux proposa un moyen terme qui fut accepté. Le mémoire fut *autographié* et non *imprimé ;* sans avoir été discuté, il alla s'enterrer dans les cartons de l'Académie, et pendant plus de dix ans il n'en fut plus question.

« On s'est beaucoup trop moqué de ce rapport, dit Grasset; il renfermait d'excellentes observations qui ont été vérifiées depuis et qui se terminaient par un vœu bien sage dont on ne tint malheureusement aucun compte (1). Au lieu d'entrer dans la vraie voie scientifique, on se remit à chercher et à contrôler les effets thérapeutiques et divinatoires, les effets merveilleux du magnétisme, et, en démontrant l'inexactitude de ces phénomènes mal observés, prématurés

(1) Grasset, *Maladies du système nerveux*, p. 1033-1034.

ou ridicules, on conclut à la fausseté du magnétisme
tout entier et on ne chercha pas à y démêler le vrai
du faux. C'est là l'œuvre malheureuse de la seconde
commission nommée par l'Académie de médecine,
qui aboutit au rapport de Dubois d'Amiens (12 et
17 août 1837) et au concours instituant un prix de
trois mille francs à la personne qui aurait la faculté
de lire sans le secours des yeux et de la lumière,
concours dont aucun des candidats ne remplit le
programme et à la fin duquel, sur la proposition de
Double, l'Académie décida qu'à partir de ce jour
(1er octobre 1840), elle ne répondrait plus aux communications concernant le magnétisme animal, de
même que 'l'Académie des sciences regarde comme
non avenues les communications relatives à la qua-
drature du cercle et au mouvement perpétuel.

« On voit la force du raisonnement : la transposition des sens n'existe pas dans le magnétisme, donc
il n'y a rien de certain et de scientifique à chercher
dans ce chapitre d'expérimentation physiologique. »

Au lendemain même de cette condamnation solennelle, Braid allait se charger de démontrer le manque
de logique de la conclusion.

§ 2.

Braid et l'hypnotisme (1842-1874).

Jusqu'à cette époque tous les magnétiseurs avaient
agi empiriquement, employant des procédés dont ils

constataient les effets sans chercher à les analyser et
à se rendre compte de la relation de l'effet à la cause.
C'est, dit Grasset, le docteur Braid qui inaugura réellement l'étude scientifique des phénomènes du sommeil provoqué.

Braid raconte lui-même que jusqu'au 18 novembre 1841, il ne connaissait le mesmérisme que
par les livres et les journaux, et qu'il était porté à
tout attribuer à la supercherie et à l'illusion, quand
ce jour-là il assista à une séance donnée par un
magnétiseur français, nommé Lafontaine. Cette première séance ne fit que confirmer ses préjugés. Mais
six jours plus tard, à une seconde séance, un fait
attira spécialement son attention ; il lui sembla qu'un
sujet magnétisé était dans l'impossibilité d'ouvrir ses
paupières ; le fait était réel ; il en chercha la cause
physiologique et pensa l'avoir trouvée dans l'action du
regard fixe et prolongé, paralysant les centres nerveux dans les yeux et leurs dépendances et détrui-
sant l'équilibre du système nerveux (1). « Voulant
vérifier ce fait, dit-il, je priai mon ami, M. Walker,
de s'asseoir et de fixer ses regards sur le col d'une
bouteille de vin assez élevée au-dessus de lui pour
produire une fatigue considérable sur les yeux et les
paupières, pendant qu'il regarderait attentivement.
En trois minutes, ses paupières se fermèrent, un flot
de larmes coula le long de ses joues, sa tête s'inclina, son visage se contracta légèrement, un gémis-

(1) GRASSET, op. cit., p. 1031.

sement lui échappa et à l'instant il tomba dans un profond sommeil; la respiration devint lente, profonde et sifflante, le bras et la main droite étaient agités de petits mouvements convulsifs [1]. »

Cette expérience, répétée sur Mme Braid et sur un domestique, fut suivie du même succès. Braid varia ses procédés, il employa ceux des magnétiseurs, il réussit également [2]. « Non seulement, dit-il, cette expérience me donna la preuve que j'en attendais; mais encore, en appelant mon attention sur l'état spasmodique des musc'es de la face et des bras, sur la respiration et sur l'état mental, au moment du réveil, elle me donna à penser que j'avais la clef du secret du mesmérisme. Le sommeil provenait donc entièrement de la fatigue cérébrale causée par un excès d'attention à un objet unique et à une idée unique non excitante. C'est à la suite de l'état résultant de la position incommode et forcée des yeux, et de la souffrance d'un système particulier de muscle s que se développe, dans le cerveau, cet état particulier qui s'appelle hypnotisme ou sommeil nerveux [3]. »

Du premier coup d'œil, Braid avait vu qu'il ne fallait pas tout repousser dans le mesmérisme; que le véritable esprit scientifique consistait à démêler le vrai du faux, et d'emblée, par cette première expérience, il simplifiait la question, en supprimant cer-

(1) Braid, *Neurypnologie* ou *Traité du sommeil nerveux.*
(2) Cullerre, *Magnétisme et hypnotisme*, p. 65.
(3) Braid, *Neurypnologie* ou *Traité du sommeil nerveux.*

tains éléments complexes. L'influence du magnétiseur disparaissait en effet devant les résultats obtenus avec le col de la bouteille. Il n'était plus question de fluide animal, de volonté du magnétiseur. Toute l'action et tout l'intérêt se transportaient sur la seule personne du sujet (1). Le magnétiseur n'était en quelque sorte que le metteur en scène des divers phénomènes.

Est-ce à cette découverte de Braid qu'il faut attribuer cette espèce d'épidémie de magnétisme et de somnambulisme qui, à cette époque, 1844-1848, envahit la France entière? Tous les journaux étaient remplis de récits merveilleux et nos contemporains n'ont pas oublié les séances du fameux somnambule Alexis. Peu à peu le bruit cessa et la découverte de Braid disparut, confondue, dans un même oubli, avec les innombrables et indigestes productions des magnétiseurs. L'hypnotisme devint l'affaire des charlatans et des saltimbanques.

Toutefois quelques médecins poursuivirent les recherches de Braid, qui voyait dans l'hypnotisme autre chose que la satisfaction d'une vaine curiosité et qui prétendait en faire de nombreuses applications thérapeutiques. Il indique très clairement, dans son livre sur le *Sommeil nerveux*, les procédés à employer pour diminuer ou augmenter la force et la sensibilité dans un membre; pour produire une dépression ou une excitation générale, sous l'action de laquelle tous les muscles deviendront rapidement rigides.

(1) GRASSET, *Maladies du système nerveux*, p. 1035.

Braid proclame encore que les symptômes les plus variables peuvent se développer dans différentes périodes de l'état hypnotique, depuis l'insensibilité extrême et la catalepsie jusqu'à la sensibilité la plus vive et la plus grande excitabilité. « Quelques-uns de ces changements peuvent être provoqués immédiatement, dans la phase voulue de l'hypnotisme, par des suggestions auditives et tactiles. Car les patients montrent une sensibilité exagérée ou de l'insensibilité ; une puissance musculaire incroyable ou une dépression complète, selon les impressions que l'on crée chez eux [1]. » « Toute l'histoire contemporaine des suggestions est dans cette phrase, dit Grasset [2]. »

Braid avait même observé les suggestions à l'état de veille. « Il y a plus, dit-il ; il est des individus si impressionnables aux suggestions, que l'on peut les dominer et les contrôler, même à l'état de veille, par une affirmation énergique, comme on fait pour d'autres en hypnotisme.... On peut donc, en agissant fortement et par suggestion sur l'esprit des patients à l'état de veille, modifier l'activité physique des organes ou de la partie qui sert à la transmission des fonctions organiques et leur faire croire qu'ils voient des formes et des couleurs diverses, qu'ils ont des impressions mentales variables, que des forces irrésistibles les attirent, les repoussent, les paralysent [3]. »

(1) Braid, *Neurypnologie* ou *Traité du sommeil nerveux.*
(2) Grasset, *loc. cit.*, p. 1035.
(3) Braid, *Neurypnologie*, p. 247.

Ces passages suffisent pour montrer que Braid avait beaucoup et bien observé les phénomènes de l'hypnotisme qui sont aujourd'hui l'objet de tant de recherches.

Le docteur Azam, médecin adjoint de l'hôpital des aliénés de Bordeaux, frappé de la découverte de Braid, répéta les expériences du chirurgien écossais et il en constata l'exactitude. Il provoqua très facilement chez divers sujets le sommeil nerveux, obtint la raideur cataleptique des muscles et l'insensibilité de la périphérie du corps. Le docteur Braid assure dans son livre qu'il a pu pratiquer plusieurs opérations chirurgicales sur des sujets plongés dans le sommeil nerveux, sans que les opérés aient ressenti la moindre impression de douleur. Le docteur Azam n'alla pas aussi loin; il se borna à constater chez les cataleptiques l'insensibilité aux piqûres et aux pincements de la peau. Il est à croire que le jeune médecin de Bordeaux n'attacha pas une grande importance à ces faits, car il ne s'occupa point de les rendre publics.

Peut-être aussi, dit Figuier, craignait-il de compromettre son crédit médical, en attachant son nom à des opérations trop étroitement liées en apparence aux pratiques ordinaires des magnétiseurs. Plus d'un médecin s'est senti arrêté sur la même voie par un scrupule de ce genre.

« Lorsque j'entendis parler pour la première fois du magnétisme animal, dit le docteur Rostan, les faits que l'on me racontait étaient si peu en rapport

avec les faits physiologiques que je connaissais, que
j'eus pitié des gens que je croyais atteints d'un nouveau genre de folie et qu'il ne me vint pas à l'idée
qu'un individu raisonnable pût ajouter foi à de pareilles chimères. Pendant plus de dix ans, je parlai
et j'écrivis dans ce sens. Enfin le hasard voulut que,
par simple curiosité et par voie d'expérimentation,
j'exerçasse le magnétisme. La personne qui s'y sou-
mettait n'en connaissait nullement les effets : cette
circonstance est à noter. Quel fut mon étonnement,
lorsqu'au bout de quelques instants, je produisis des
effets si singuliers, tellement inaccoutumés, que je
n'osai en parler à qui que ce fût, dans la crainte de
paraître ridicule (1). »

Quand Jules Cloquet eut communiqué à l'Académie de médecine le fait de cette ablation du sein,
qu'il avait pratiquée sans douleur chez une femme
magnétisée, il rencontra, à cette occasion, une foule
de difficultés de la part de ses confrères, et comme il
manifestait un jour devant son maître, Antoine Dubois, combien il était surpris qu'une vérité soulevât
de telles répugnances et trouvât partout une opposition systématique : « Sans doute, lui répondit Dubois, de ce ton de familiarité et de bonhomie gauloise
qui le caractérisait, tu as raison, mon ami, tu as la
vérité de ton côté ; mais crois-moi, si tu as encore
une vérité pareille à produire, garde-la pour toi, sans
cela tu courrais grandement la chance de compro-

(1) *Dictionnaire de médecine de Nysten*, art. Magnétisme.

mettre ton avenir [1]. » Nous verrons plus d'une fois,
dans le cours de cette étude, des médecins dissimuler des phénomènes ou ne pas vouloir s'en occuper,
pour n'être pas forcés d'admettre des conséquences
en opposition avec les principes professés dans les
écoles de médecine.

. Le docteur Broca ne se laissa point arrêter par cette
considération, et avec le concours du docteur Follain,
chirurgien de l'hôpital Necker, il opéra l'ouverture
d'un abcès très douloureux, sans que la malade eût
conscience de l'opération. Dès le lendemain, le docteur Velpeau, avec toute l'autorité qui s'attachait à
ses paroles, donnait connaissance à l'Institut de cet
important et étrange résultat. Quelques jours après,
à l'hôtel-Dieu de Poitiers, le docteur Guérineau pra-
tiquait l'amputation de la cuisse à un homme qui
n'éprouva aucune sensation de douleur pendant l'o-
pération. On crut un instant qu'on pourrait remplacer
avantageusement, dans les opérations chirurgicales,
le chloroforme par l'hypnose; mais on reconnut
bientôt que cette méthode ne réussissait pas également
ment sur tous les sujets, et les chirurgiens, décou-
ragés par de nombreux insuccès, renoncèrent à s'en
servir. « Payant une fois de plus les fautes de ces
applications trop hâtives, dit Grasset, l'étude scientifique de l'hypnotisme retomba dans un oubli presque
absolu. »

Ce fut le docteur Charcot qui l'en tira.

---

[1] FIGUIER, *Histoire du merveilleux*, t. III, p. 366.

§ 3.

Les contemporains. — Le somnambulisme provoqué et la suggestion (1875-1889).

Il est une maladie, malheureusement aujourd'hui trop commune, caractérisée par une foule d'accidents nerveux, accompagnés de convulsions et de perte plus ou moins complète de connaissance : c'est l'hystérie, qu'on a souvent confondue avec l'épilepsie. Le docteur Charcot est le premier, croyons-nous, qui ait signalé d'une manière précise les symptômes distinctifs de ces deux affections et qui ait découvert qu'en comprimant plus ou moins certains points du corps qu'il appelle *hystérogènes,* on peut produire, modifier ou suspendre à volonté les crises hystériques. En continuant ses recherches, il a reconnu qu'on peut maintenir les hystériques à l'état de crise, leur faire éprouver diverses sensations, et c'est ainsi que de proche en proche il est arrivé à l'hypnotisme.

Lorsqu'en 1878, le docteur Charcot fit à la Salpêtrière ses premières expériences devant un public nombreux, il y eut comme un moment de stupeur. On eût dit qu'une révélation était descendue du ciel et qu'on allait pénétrer dans une région immense et encore inexplorée de connaissances nouvelles. C'était une grande erreur. Ce n'était qu'une forme rajeunie du magnétisme.

Toutefois ces expériences eurent pour résultat de donner un nouvel essor à l'étude de l'hypnotisme, presque entièrement délaissée depuis près de vingt ans. « Parmi les hommes qui s'y adonnèrent avec le plus d'ardeur, les uns s'occupèrent surtout des phénomènes physiques de cette névrose ; les autres s'attachèrent plus spécialement à l'étude des phénomènes psychiques et sensoriels [1]. » Sous ces deux rapports, on a constaté les faits les plus étonnants, et l'on peut dire que depuis dix ans on a marché de surprise en surprise.

Dans les commencements, on n'opérait guère que sur des malades, des hystériques, des femmes nerveuses, des organisations mal équilibrées, et ce sont en effet les sujets qui se prêtent le mieux à ces sortes d'expériences. Plus tard on essaya d'endormir des personnes saines et bien constituées, et on reconnut que la plupart des hommes sont plus ou moins hypnotisables. Le docteur Liébeault, de Nancy, affirme que sur 1,014 personnes qu'il avait soumises à l'hypnotisation en 1880, il n'en avait trouvé que 27 absolument réfractaires ; toutes les autres avaient été influencées à différents degrés : 33 n'éprouvaient qu'une espèce de somnolence et de pesanteur ; 100 s'endormaient d'un sommeil léger ; 460 d'un sommeil profond ; 232 d'un sommeil très profond ; 31 d'un somnambulisme léger ; 131 d'un somnambulisme profond [2].

[1] GUILLERRE, *Hypnotisme et Magnétisme*, p. 80.
[2] BERNHEIM, *De la suggestion*, p. 12.

Il est bon d'observer que les sujets se perfection-
nent par l'exercice, et que tel sujet qu'on avait tout
d'abord beaucoup de peine à endormir peut devenir, au bout de quelques séances, un somnambule
complet.

Nous ne nous arrêterons pas à décrire ici les phénomènes produits dans ces divers états; nous nous
contenterons de signaler un fait qui paraît incontestable et qui préoccupe aujourd'hui tous les esprits,
c'est la puissance de la suggestion sur certains individus. Il suffit en effet d'un mot, d'un geste, d'un
regard du magnétiseur, pour obtenir de son sujet
tout ce qu'il lui plaira. Il y en a même qui affirment
qu'il leur suffit d'un acte intérieur de la volonté que
rien ne manifeste au dehors, pour imposer au sujet
les actes les plus extravagants et les plus criminels;
les plus contraires à ses habitudes et à ses sentiments intimes.

Ainsi, après un long circuit, on est revenu à l'action à distance, à la pénétration des pensées, à la
claire vue à travers les corps opaques, dont on s'était
moqué pendant si longtemps. Et ces phénomènes,
constatés par un grand nombre de médecins, expérimentés dans les hôpitaux par des professeurs de
la Faculté de médecine qui opèrent en présence de
leurs élèves, offrent de telles garanties d'authenticité,
dit Paul Gibier, autant par le nombre et la compétence
des témoins que par l'honorabilité des opérateurs,
qu'il est impossible de les révoquer en doute. Pour
les nier, il faudrait être aussi sceptique que le profes-

seur Bouillaud, qui s'osbtinait à ne voir dans le pho-
nographe qu'un artifice de ventriloquie (1).

Ces phénomènes, que les hypnotiseurs eux-mêmes
appellent *transcendants* et dont on poursuit l'étude
avec une activité dévorante, nous paraissent devoir
aboutir, dans un temps donné, au *spiritisme,* c'est-
à-dire à des relations avec des êtres mystérieux,
intelligents, actifs, impalpables, qu'on appelle com-
munément des *esprits.* En effet, si l'intelligence du
magnétiseur peut se mettre *naturellement* en communication avec l'intelligence du magnétisé, sans le
secours des sens et sans aucun signe extérieur,
pourquoi cette intelligence ne pourrait-elle pas se
mettre naturellement en relation avec d'autres êtres
intelligents, quoique d'une nature différente ?

C'est ce que constate Paul Gibier. « L'étude du
magnétisme ou hypnotisme, dit-il, est en quelque
sorte une entrée en matière préparatoire à l'étude
des faits dus à la *force psychique,* ainsi qu'on a
nommé l'*agent particulier* qui préside aux phénomènes dits spiritualistes, et ceux-ci surprennent
moins après l'observation des premiers. Nous esti-
mons donc que si on nous démontre l'existence des
phénomènes dits spirites, ces phénomènes ne doivent pas être plus surnaturels que ceux de la suggestion et de l'hypnotisme (2). »

C'est à cette conclusion qu'aboutit, paraît-il, le

(1) Paul GIBIER, *Le spiritisme,* 1887. Introduction, p. VIII.
(2) ID., *op., cit.,* p. VII.

baron Dupotet, qui, d'abord incrédule comme la plupart des hommes de son âge, puis ensuite ardent magnétiseur, avait fini par devenir un fougueux spirite, ne pouvant s'expliquer les phénomènes magnétiques qu'il produisait lui-même que par l'intervention d'un agent mystérieux, intelligent et fort, dont il ne pouvait méconnaître l'action.

Telle est, en abrégé, l'histoire de l'hypnotisme depuis son origine jusqu'à nos jours. Nous avons cru devoir insister un peu sur ce point pour montrer que la science magnétique n'a pas fait de grands progrès depuis Mesmer et qu'elle tourne dans un très petit cercle. Elle a changé les noms, modifié ou découvert quelques procédés, classé méthodiquement les phénomènes ; mais au fond, malgré toutes les publications, il reste toujours dans le magnétisme, dans l'hypnotisme et dans le spiritisme, qui n'en est qu'une variante, un grand nombre de phénomènes inexplicables, et la cause première est toujours aussi mystérieuse.

Quand, à la suite de ses premières séances, le docteur Charcot eut démontré combien il était facile de produire le somnambulisme artificiel avec tous ses phénomènes, une foule de gens voulurent expérimenter la nouvelle découverte. Si quelques-uns le faisaient par amour pour la science, la plupart le faisaient par récréation. C'était devenu un amusement de salon. A Glascow, les jeunes filles d'un pensionnat s'hypnotisaient les unes les autres, et les résultats qui s'ensuivaient inquiétèrent les familles (1). On cite même l'exemple d'une enfant de cinq ans et demi, très intelligente, qui, ayant bien observé, pendant une *matinée musicale*, comment on opérait, endormit sa gouvernante en rentrant chez elle. Peu à peu on s'est ennuyé de cet amusement comme des autres, et les graves accidents qui en sont souvent résultés ont fini par en dégoûter tout à fait les hommes prudents.

Sans entrer dans des détails qui nous entraîneraient trop loin, nous nous contenterons d'exposer les dangers que présente l'hypnotisme au point de vue de la santé, au point de vue de la morale, au point de vue de la religion.

II.

L'HYPNOTISME CONSIDÉRÉ AU POINT DE VUE DE LA SANTÉ

Tout le monde connaît les étranges phénomènes produits par l'hypnotisme. Voilà une femme bien constituée, dans la force de l'âge, jouissant d'une santé parfaite, et dans un instant, sur un signe, sur un mot, que dis-je, sur un ordre mental donné par le magnétiseur à qui elle s'est soumise, cette femme tombe à la renverse, se roule par terre avec des convulsions effroyables. Un instant après, son corps

(1) FIGUIER, *Histoire du merveilleux*, t. III, p. 362.

devient raide comme une barre de fer, ou, se renversant en arrière, forme un arc de cercle, de manière que la tête touche les talons. Tout à coup elle devient insensible : le bruit le plus assourdissant ou le plus aigu ne peut l'éveiller; la piqûre la plus profonde, la brûlure la plus cuisante, ne peuvent lui arracher un signe de souffrance. Tous les sens peuvent être hallucinés d'une foule de manières, comme les sensations ordinaires peuvent être perverties. Le patient voit clairement des choses qui n'existent pas; au milieu du plus profond silence, il entend des chants harmonieux; une pomme de terre crue devient pour lui une cuisse de poulet, et un verre d'eau salée lui paraît un vin délicieux.

§ 1er.

Troubles de la raison par l'hypnotisme.

La raison et la mémoire paraissent endormies; la volonté semble passive et l'imagination exaltée en proportion. Quelque absurde que puisse être la chose suggérée au sujet, comme il est incapable de rentrer en lui-même et de profiter de son expérience passée, il ne peut en reconnaître l'absurdité et il est poussé irrésistiblement à agir d'accord avec la suggestion. Alors il passe subitement du calme à la colère, de la gaieté à la tristesse, de la douceur à la violence, de la prière à la menace; il rit, il pleure, il va, il vient, il prie, il blasphème; puis, au moment où il semble

être au comble de l'agitation et du délire, un mot
ou un léger souffle du magnétiseur sur son visage
suffit pour le ramener à son état normal, sans qu'il
conserve aucun souvenir de ce qu'il a éprouvé pendant
qu'il était en somnambulisme.

C'est de ces transitions subites qu'abusait le trop
célèbre Donato pour émerveiller les spectateurs.
« Quand il annonce, rapporte l'*Italia* (mai 1886), qu'il
fera sentir à ses sujets la chaleur et le froid, la scène
semble être changée en une salle de fous furieux.
Tous sont haletants, s'essuient le front, s'éventent
avec leurs mouchoirs, et finalement par un *crescendo*
prodigieux, ils se déboutonnent, arrachent leurs
habits et leurs gilets avec les montres qui s'y trouvent
et les jettent à terre; ensuite l'un d'eux, comme pris
d'un froid imprévu, relève les habits qu'il peut
trouver : les arrache à ses compagnons, se les tourne
autour du cou, etc. : c'est la scène culminante qui est
saluée par des applaudissements frénétiques [1]. »

Une scène que Donato se plaisait, dit-on, à répéter,
parce qu'elle produisait toujours beaucoup d'effet, est
ainsi racontée par le journal *la Fieramosca* de Florence, dans son numéro du 1er juin 1886 : « Ayant
magnétisé deux jeunes gens très forts et très robustes,
MM. Turin et Montini, il leur suggéra une prome-
nade champêtre. Ils se mirent tous deux à cheminer
lentement et gravement. Le magnétiseur leur avait
mis sur la tête un cylindre bosselé, digne d'un ramo-

---

[1] P. Franco, *L'hypnotisme revenu à la mode*, p. 30.

neur. A un certain moment, ils se heurtèrent, ne se demandèrent pas excuse et se regardèrent de côté,.... Un moment après, Donato les fit se heurter une seconde fois ; alors M. Montini allongea un grand coup de poing à M. Turin, qui riposta par un soufflet bien appliqué, l'autre le lui rendit. Eveillés au plus beau moment, les deux combattants restèrent bouche béante, sans savoir comment ils étaient là, au milieu des acclamations de la foule. »

Voici une autre expérience faite par le docteur Rattone, professeur à l'université de Sassari, telle qu'elle est rapportée par M. Alfred Menci, dans le *Capitan Fracassa* du mois de mai 1886 : « L'habile professeur, voulant démontrer les effets de la musique sur l'hypnotisme, conduisit un jour chez l'excellent maître de musique, M. Bruto Giannini, une dizaine de jeunes gens déjà rendus très sensibles par d'autres expériences hypnotiques, mais parfaitement éveillés. Il les fit asseoir, en demi-cercle, autour du piano et ensuite il pria le maître de vouloir bien exécuter un air pathétique. Après quelques notes, sept de ces jeunes gens étaient déjà hypnotisés et ils restaient là dans les postures les plus curieuses et les plus étranges : quelques-uns paraissaient profondément attristés, d'autres ravis en extase, et d'autres en proie à des pensées atroces. — Dans une seconde expérience, on joua une musique gaie. Les hypnotisés s'agitaient alors convulsivement sur leur siège. Un d'eux, par suite de l'excessive agitation nerveuse, tomba à terrre; le professeur Rattone courut à lui pour l'éveiller en lui soufflant sur le visage comme d'ordinaire, mais tant que le maître continua à jouer, les convulsions hypnotiques continuèrent.

» Dans une troisième expérience, le maître joua l'*hymne de Garibaldi*. Dès les premières notes, commence, dans la salle, une scène de possédés. Tous ces jeunes gens déjà profondément hypnotisés, à ce chant de guerre, s'agitent furieux les uns contre les autres : tendant les bras pour faire la fusillade et se remuant avec un désespoir délirant ; ils grinçaient des dents, ils roulaient les yeux, se jetaient par terre, tournaient rapidement sur eux-mêmes et donnaient des coups de pied contre les jambes des spectateurs, qui s'enfuyaient épouvantés. Le professeur Rattone réussit, au milieu de cette furie, à en prendre deux des plus enragés, les tenant par le collet de leur habit. Ensuite, à force de souffler, il parvint à remettre l'ordre dans ce camp si horriblement troublé [1]. »

§ 2.

Funestes effets de l'hypnotisme sur le système nerveux.

Il n'est pas besoin d'être médecin, ce nous semble, pour comprendre les funestes effets que peuvent produire de telles expériences. Le magnétisme, en effet, touche à ce qu'il y a de plus délicat, de plus sensible,

[1] Franco, *op. cit.*, p. 44.

de plus impressionnable dans l'homme, il s'adresse au système nerveux. Est-il croyable que l'on puisse subitement surexciter ou paralyser tout ce système, sans qu'il en reste quelques traces dans l'organisme? Il suffit de voir ce qui se passe dans les séances de magnétisme pour savoir à quoi s'en tenir.

« Quand parmi les jeunes gens qui se présentent, dit l'*Italia*, Donato a choisi, en leur serrant les poignets et en épuisant la force musculaire des bras, ceux qui lui paraissent les plus propres à ses expériences, il les regarde brusquement dans les yeux. Presque tous subissent instantanément la fascination, malgré les efforts qu'ils font pour résister. Dès le premier moment, quelques-uns tombent par terre, comme frappés d'épilepsie, et se tordent en convulsions irrésistibles; d'autres soufflent, toussent, gémissent; leur visage prend un aspect contracté, halluciné, quelquefois cadavérique.... Il y a quelque chose de spasmodique dans leurs traits et de macabre dans leurs gestes, qui surprend et fait peine à voir. Que de fois les spectateurs émus ont crié : Assez! Assez! Grâce! Grâce! »

C'est la remarque du docteur Gras. « D'ordinaire, dit-il, le spectacle d'une belle leçon scientifique, accompagnée d'expériences bien conduites, satisfait l'esprit, sans inquiéter la conscience : on applaudit le professeur sans arrière-pensée. Je me rappelle encore l'enthousiasme qui accueillait les brillantes conférences de M. Jamin sur l'électricité, ou de M. Lissajoux sur la lumière. Mais il n'en est plus ainsi avec le magnétisme ou l'hypnotisme : l'intérêt est saisissant ; théâtrale, la passivité du sujet qui obéit *per-indè ac cadaver,* suivant la terrible formule des jésuites, et cependant l'enthousiasme fait défaut, et l'on oublie d'applaudir. Un sentiment de gêne mal définie, de tristesse pénible, pèse sur les spectateurs ; on plaint le sujet (1). »

On plaint le sujet, et on a raison de le plaindre ; car peut-être se repentira-t-il de son imprudence le reste de sa vie. Tous les auteurs qui ont parlé de l'hypnotisme s'accordent à dire qu'il ne faut y recourir que dans certains cas, avec de grandes précautions et toujours avec l'assistance d'un médecin. Ils rapportent une foule d'accidents qui ont persévéré pendant plus ou moins longtemps, ou même qui n'ont jamais complètement cessé, à la suite d'hypnotisations imprudemment opérées.

Nous empruntons le premier exemple à l'ouvrage de MM. Demarquay et Giraud-Teulon. « Une dame du monde, très impressionnée et très impressionnable, témoin de quelques expériences d'hypnotisme, en parle dans sa famille, à son retour chez elle. Curieuse de vérifier sur elle-même les faits dont elle a été témoin, elle se prête à un essai du même genre. Un objet brillant est placé devant ses yeux par un de ses parents ; la chose se passe tout à fait dans l'intimité, sans médecin présent. Au bout de quelques

---

(1) *Répertoire universel de médecine dosimétrique,* livraison du mois de décembre 1887, p. 562.

minutes, la permanente fixité de son regard surprend ;
on interrompt l'expérience et on l'appelle ; pas de
réponse ; on prend un de ses bras, qui, soulevé, re-
tombe. On se regarde ; l'effroi commence à gagner
autour d'elle. Que faire ? Pas de médecin, pas d'indi-
cation visible à remplir. Le mari, le fils, commencent
à s'effrayer. Ce dernier, les larmes aux yeux, se précipite sur sa mère et couvre son front, ses yeux de
baisers. Mme de X. se réveille et tombe dans une belle
attaque de nerfs. Après la crise de larmes et la détente
obtenue, elle dit alors qu'elle a eu une dure épreuve
à subir ; qu'elle avait toute sa connaissance, voyait
sa famille en larmes et dans l'effroi, sans pouvoir
faire aucun signe qui mît un terme à cette situation
pénible. Un grand poids sur le creux épigastrique lui
semblait opprimer sa respiration, et quant à son système musculaire, elle était, c'est son expression,
enveloppée comme d'une chemise de plomb. Mme de X.
a été plusieurs jours souffrante à la suite de cette petite
expérience fantaisiste (1). »

« Samedi dernier, rapporte la *Croix de l'Isère* du
mardi 11 juin 1889, un disciple inexpérimenté
d'Onotroff se met en devoir d'hypnotiser une jeune
fille de la rue Brocherie, à Grenoble. Malheureusement, le sujet, une fois endormi, n'a pu être réveillé.
L'hypnotisée est absolument tombée dans un état
cataleptique. »

(1) MM. DEMARQUAY et GIRAUD-TEULON, *Recherches sur l'hypnotisme ou sommeil nerveux*, p. 45.

Voici un autre exemple cité par le baron Dupotet :

« Un officier supérieur avait entendu parler vaguement du magnétisme. Il voulut essayer de magnétiser sa fille, quoiqu'elle ne se plaignît d'aucun mal, et seulement pour voir s'il ne pourrait pas lui faire éprouver quelques effets. Pour cela, sans se douter de tout le mal qu'il allait lui faire, il mit une main sur l'estomac de sa fille. Après quelques minutes de magnétisme, elle éprouva quelques mouvements convulsifs qui, loin d'effrayer le père, ne firent que l'encourager à poursuivre son expérience. Bientôt, la jeune fille éprouva des convulsions très violentes, et son père, ignorant la manière dont il aurait pu les calmer, ne fit plus que les augmenter par sa présence et même par l'effroi qu'elles lui causaient. Il fut forcé d'abandonner sa fille en cet état, et elle passa la nuit suivante dans des convulsions continuelles. Cet état dura huit jours [1]. »

C'est donc une grande imprudence que de se livrer à des expériences magnétiques comme à un amusement inoffensif ; la congestion qui se manifeste alors dans le cerveau présente des dangers sérieux pour beaucoup d'individus prédisposés à l'apoplexie.

« Après un dîner de chasse, raconte le docteur Gilles de la Tourette, des jeunes gens endormirent leur cuisinière. Au bout d'un quart d'heure, cette femme éprouva un commencement de congestion cérébrale et une crise nerveuse telle que les jeunes

_____

[1] Dupotet, *Traité complet du magnétisme animal*, p. 265.

gens éperdus s'enfuirent, la laissant seule avec son magnétiseur ; ce ne fut qu'au bout d'une demi-heure qu'elle revint à elle, et elle resta malade pendant trois jours. »

Les médecins eux-mêmes ne prévoient pas toujours les accidents qui peuvent résulter d'une première hypnotisation. C'est ce qui arriva au docteur Gigot-Suard, de Levroux, qui s'est livré à des recherches pratiques intéressantes sur l'hypnotisme. Ayant voulu essayer d'endormir une jeune fille nerveuse, il provoqua chez elle une agitation excessive ; deux jours après, il renouvela l'expérience, et voici, d'après son propre récit, les phénomènes qui en résultèrent :

« Dix minutes suffirent pour obtenir un sommeil complet. La scène devint beaucoup plus effrayante encore que la première fois, et je doute que Mesmer ait jamais rencontré dans son enfer une convulsion-naire plus terrible. Dès que les paupières furent fer-mées, cette jeune fille se renversa le long d'un fauteuil, les pieds en l'air et la tête sur le parquet. Son corps ressemblait à une verge rigide. Elle poussait non pas des cris, mais de véritables hurlements. Je la fis transporter dans un cabinet, où, couchée sur un tapis, loin de tout objet qui pût la blesser, elle se livra aux mouvements les plus désordonnés. Ses cris étaient interrompus de temps en temps par des paroles incohérentes, parmi lesquelles je pus distinguer les mots *cimetière, mort, fantôme*. Puis, c'est une scène horrible de désespoir : la patiente veut se déchirer le visage avec ses ongles, et il faut deux personnes pour l'en empêcher; ses yeux sont hagards, ses cheveux épars et son visage est congestionné. L'orage se calme un instant pour faire place à des éclats de rire immodérés, suivis de pleurs, de hoquets, d'efforts de déglutition, et enfin de nouvelles convulsions. Cet état se prolongea plus d'une demi-heure, et je ne parvins à réveiller la patiente qu'en lui soufflant de l'air avec force sur les pupilles, après avoir écarté les paupières.

» En se réveillant, cette jeune fille croyait sortir d'un long sommeil. Aussi fut-elle très étonnée de trouver ses vêtements et ses cheveux en désordre. Pendant les crises, elle avait perdu la sensibilité, et elle ne répondit à aucune des questions qui lui furent faites (1). »

« Les phénomènes que l'on provoque par le magnétisme prennent souvent un développement effrayant, dit le baron Dupotet ; le patient, tout à l'heure dans un état naturel, entre dans un état de convulsions extraordinaires; il se roule par terre, crie et se débat; et dans ce moment, plus on le touche ou laisse toucher, plus on augmente ses angoisses....

» Des convulsions produites de cett manière ont duré quelquefois six à huit heures sans interruption, et les personnes ainsi affectées restaient malades pendant plusieurs jours, éprouvant un sentiment de brisement, accompagné d'une horreur profonde pour le magnétisme et le magnétiseur : ce mot seul, prononcé devant eux, les agitait violemment. L'état de

(1) FIGUIER, *op. cit.*, p. 381.

calme finit par revenir ; mais j'ai vu dans quelques circonstances, graves à la vérité, les malaises résister au repos, aux antispasmodiques, et persister pendant plusieurs semaines.

» Ne croyez pas que les femmes nerveuses éprouvent seules ces effets ; des hommes bien constitués, qui ne connaissent que de nom ces sortes de maladies, ont été ainsi désorganisés en quelques minutes et ont éprouvé tous les effets dont je viens de vous rendre compte (1). »

Il ne suffit pas d'être médecin pour pratiquer l'hypnotisme, il faut encore en connaître le maniement (2).

« Un médecin avait pour son coup d'essai, rapporte le docteur Charpignon, mis en somnambulisme une jeune femme. Il voulut obtenir, en quelques jours, les effets de la plus grande lucidité. Chaque séance, du reste, répondait aux désirs du magnétiseur ; mais les assistants eurent l'imprudence de rapporter à la jeune femme les hauts faits de son sommeil. Ces récits lui troublèrent l'esprit, et, un jour surtout, où sa tête était vivement préoccupée de ces choses étranges, elle fut magnétisée plus énergiquement que d'habitude et sans méthode. Bientôt des convulsions survinrent. Leur force jeta l'alarme dans le magnétiseur, peu habitué à ces phénomènes. Pour faire trêve à ces épouvantables crises nerveuses, il rompit l'état magnétique. Mais ce fut pis.... Deux hommes

(1) DUPOTET, *Traité complet du magnétisme animal*, p. 249.
(2) Gilles DE LA TOURETTE, *L'hypnotisme et les états analogues*, p. 307.

ne pouvaient contenir la pauvre femme sur un matelas où ils l'avaient jetée. Enfin, heureusement, le magnétiseur pensa à replonger sa convulsionnaire dans l'état magnétique ; alors le calme arriva et la somnambule prédit que des accès semblables reviendraient à heures fixes, deux fois par jour, pendant quatorze jours, et qu'il n'était aucun moyen de prévenir ces accidents (1). »

§ 3.

Persévérance des accidents produits par l'hypnotisme.

Ce qu'il y a de plus redoutable, c'est que ces accidents peuvent se prolonger indéfiniment et que l'opérateur n'est pas toujours certain de ramener son sujet dans son état ordinaire. Le P. de Bonniot en cite un exemple bien frappant, qu'il a tiré d'un ouvrage du docteur Tony-Dunand, intitulé : *Une révolution en philosophie.* « Un jeune étudiant en médecine, nommé Thouverey, qui ne croyait pas au magnétisme, s'amusait un jour, par manière de plaisanterie, dans un restaurant de la capitale, à exécuter des *passes* sur une jeune ouvrière qui avait la complaisance de se prêter à ce badinage. A la grande surprise de l'opérateur inexpérimenté, la jeune fille est prise du sommeil magnétique, et malheureusement ni le magnétiseur ni les autres témoins de cette scène ne surent con-

(1) CHARPIGNON, *Physiologie du magnétisme*, p. 303.

jurer pleinement la crise nerveuse : le sujet de cette
expérience imprudente ne recouvra plus son état
ordinaire. L'étudiant, qui était un honnête garçon,
se crut obligé de réparer sa faute en assurant l'avenir
de l'ouvrière; ce qu'il fit en l'épousant. » Il aurait dû
reconnaître, ajoute le P. de Bonniot, qu'il y avait dans
le magnétisme quelque puissance dangereuse dont il
était sage de se tenir éloigné; il conçut, au contraire,
pour son malheur, le dessein de la maîtriser. Quelques
années plus tard il disait à M. Dunand, alors encore
jeune et peu familiarisé avec le magnétisme : « Mon
cher Tony, ne touchez jamais au magnétisme! une
fois qu'on est pris dans cet engrenage, on n'en peut
plus sortir!.... Du jour où cette folie m'a saisi ma
vie a été un long martyre (1). »

Que de fois un médecin est appelé pour éveiller ou
pour calmer une somnambule imprudemment magnétisée par quelque amateur. C'est ce qu'atteste le
professeur Zanardelli, grand partisan du magnétisme.
« A propos de cela, dit-il, un soir, étant à Madrid, je
fus appelé en toute hâte à la maison du général
Echevarria, pour éveiller une jeune fille tombée en
catalepsie, à la suite de manœuvres d'un magnétiseur
ignorant. La famille était épouvantée; dans la maison
c'était une confusion indescriptible; la jeune fille,
raide, immobile, avait l'aspect d'un cadavre (2). »
Quand Donato fit ses premières expériences à Turin,

(1) DE BONNIOT, Le miracle et ses contrefaçons, p. 241.
(2) ZANARDELLI, La verità sull' ipnotismo, p. 36.

il y eut une espèce d'engouement ; une foule de
jeunes gens et d'officiers se firent hypnotiser ; mais
bientôt les nombreux accidents qui en résultèrent
donnèrent à réfléchir. Dans un rapport fait au Conseil
supérieur de santé, le docteur Lombroso s'exprime
ainsi : « Nous, aliénistes, nous avons déjà à Turin
plusieurs cas d'épilepsie, d'hystérisme, de somnambulisme, d'amnésie, développés ou renouvelés, après
que ces manœuvres hypnotiques se furent répandues
sans les précautions dont doivent et savent user les
aliénistes. » Puis il ajoute un peu plus loin qu'à la
suite d'une représentation où il fut hypnotisé, un
officier d'artillerie était devenu presque fou. Il présente à chaque instant, dit-il, des accès d'hypnotisme
spontané, à la vue du moindre objet brillant, une lan-
terne de voiture, par exemple, qu'il suit comme fas-
ciné. Un soir, si le capitaine de sa batterie ne l'avait
retenu, il se faisait écraser par une voiture dont les lan-
ternes étaient allumées et qui arrivait sur lui. Une violente crise suivit cette dernière scène, et le malheureux
fut obligé de se mettre au lit. Beaucoup de jeunes gens,
qui s'étaient fait hypnotiser par Donato, ne pouvaient
plus regarder fixement leur compas ou quelque autre
objet brillant, sans tomber en somnambulisme [1]. »

D'autres ont perdu la mémoire, et le docteur Paul
Richer en cite un exemple bien remarquable. « M. Ch.
Féré avait suggéré à une hypnotique hystérique qu'à
son réveil elle ne le verrait plus. Au réveil il n'exis-

---

[1] C. LOMBROSO, *Studii sull' ipnotismo*, 1886, p. 20-24.

tait donc plus pour elle. Cette hallucination persista, rien n'ayant été fait pour la détruire. Les jours suivants, M. Féré était devenu pour elle un étranger dont elle ne s'expliquait en aucune façon la présence et les allures. Et nous nous aperçûmes alors que non seulement l'image sensorielle était supprimée, mais que la suggestion avait, en quelque sorte, un effet rétroactif, et que tout ce qui, de près ou de loin, se rattachait à M. Féré, était rayé de sa mémoire. Au bout du sixième jour, l'hallucination persistait dans toute son intensité. *Nous eûmes du mal à la faire disparaître.* Il fallut insister beaucoup, pendant l'état de somnambulisme, pour réveiller ses souvenirs et lui rendre, vis-à-vis de notre ami, sa perception normale (1). »

Mais si des hommes aussi expérimentés que MM. Richer et Féré, qui s'occupent spécialement d'hypnotisme, ont eu tant de peine à faire disparaître les suites d'une hypnotisation, que ne doit-on pas craindre de gens qui magnétisent sans connaissances suffisantes! Aussi le baron Dupotet affirme-t-il que le magnétisme, dans des mains inhabiles, peut produire des désordres irréparables.

« Que l'on prenne une jeune fille d'une bonne santé, dit le P. Franco, citant le docteur Grasset, seulement disposée à l'hypnotisme, très facile à endormir, et qu'on l'endorme un certain nombre de fois d'un simple sommeil nerveux, on en fera une

(1) Paul RICHER, *La grande hystérie*, p. 726.

névropathique, ensuite une hystérique et souvent une folle. » Et le docteur Vizioli, qui cite cette assertion du célèbre médecin français, ajoute que ce dernier mot n'est pas trop fort. Il avait eu en effet lui-même à soigner un jeune homme devenu fou pour avoir subi l'hypnotisme à Montpellier, lors du passage de l'hypnotiseur Verbeck (1). »

§ 4.

L'hypnotisme cause de crises nerveuses et d'hystérie.

« Lorsque ces expériences portent sur des sujets jeunes et bien portants, dit à son tour Paul Richer, et qu'elles sont conduites sans mesure, il est à craindre qu'elles ne favorisent l'éclosion de certaines dispositions névropathiques latentes jusque-là, et que l'état de déséquilibration intellectuelle momentanée, qui caractérise quelques-unes des phases de l'hypnotisme, ne persiste dans leur intervalle et ne devienne permanent (2). » Aussi ne choisit-il pour sujets de ses expériences que les *grandes hystériques* dont l'organisme est déjà déséquilibré et pour lesquelles il n'y a plus rien redouter.

MM. Matthias Duval, Ladame, insistent également sur l'apparition de ces crises convulsives. M. Charles

(1) FRANCO, *L'hypnotisme revenu à la mode*, p. 158.
(2) Paul RICHER, *La grande hystérie*, p. 704.

Richet n'est pas moins affirmatif. « Une des femmes que j'endormais à l'hôpital Beaujon, dit-il, est devenue extrêmement hystérique. Peu sensible au magnétisme lorsque je commençai mes expériences, elle devint par la suite si sensible, que je l'endormais sans passes, en quelques secondes, par le seul contact du front ou de la main. »

« Un de mes amis, le docteur B., a fait une observation tout à fait analogue. Une femme, point du tout hystérique, qu'il endormait souvent avec une extrême facilité, finit par présenter tous les symptômes d'une hystérie très nettement accusée (1). »

« Alors que nous avions l'honneur d'être l'interne de M. Charcot, raconte le docteur Cullerre, entrèrent dans le service de notre maître trois enfants atteints de violentes crises d'hystérie. Le père, un officier, s'adonnait, de même que la mère, aux pratiques du spiritisme, qui confinent de si près aux manœuvres hypnotiques, qu'il n'y a pas lieu de les différencier dans la circonstance. A la suite de séances qui durèrent presque sans interruption pendant deux jours, la fillette, âgée de treize ans et demi, qui remplissait les fonctions de médium, fut soudainement prise d'une violente attaque d'hystérie. Quelques jours plus tard, ses deux frères, offrant en cela un bel exemple de contagion nerveuse, étaient envahis à leur tour. Les trois enfants furent, après bien des traitements infructueux, conduits à la Salpêtrière, où ils

(1) Charles Richet, *Du somnambulisme provoqué.* 1880.

restèrent plus de six mois et présentèrent tous les
trois les symptômes les plus accentués de l'hystérie
convulsive. Ils sortirent guéris, en apparence tout
au moins, car ils emportaient avec eux une prédis-
position bien inquiétante pour l'avenir. Les parents
jurèrent de ne plus s'occuper de spiritisme; mais le
mal était fait et peut-être irréparable (1). » On peut
donc dire, et on doit le répéter bien haut, on ne joue
pas impunément avec les ébranlements du système
nerveux. L'hypnotisation répétée expose sa victime
aux contractions rebelles, aux paralysies, aux attaques convulsives, à un ébranlement cérébral, qui
en certains cas peut aller jusqu'à la folie. Si l'hypnotisme ne crée pas l'hystérie de toutes pièces, il y
conduit presque infailliblement, ou du moins il est la
cause d'accidents très graves, qui peut-être ne se
seraient jamais révélés (2).

Dans un opuscule intitulé l'*Hypnotisme dévoilé*,
dont l'auteur est grand partisan des pratiques de
Donato, nous lisons : « Beaucoup d'accidents, quelquefois irrémédiables, ont été causés par l'inexpérience
du magnétiseur.... Ce n'est donc pas un simple et
innocent divertissement pour une personne susceptible d'entrer dans l'état hypnotique, de se soumettre
fréquemment aux pratiques magnétiques; il peut
arriver que par là son esprit s'affaiblisse temporaire-
ment et même *perpétuellement*. Quand on magnétise

(1) CULLERRE, *L'hypnotisme et états analogues*, p. 308-309.
(2) CULLERRE, *id.*, *passim.*

une personne d'une extrême sensibilité, on peut provoquer les symptômes de la suffocation, qui, si on ne les arrête pas à temps, peuvent produire une véritable suffocation. Pendant le sommeil hypnotique, un somnambule peut être frappé par un accident fortuit et indépendant du magnétiseur, et si on n'en neutralise pas tous les effets, il peut se produire une congestion cérébrale. Quand on opère sur une personne qui n'a pas fini sa digestion, la congestion, suivie de mort, peut se produire facilement. Les convulsions prolongées même après le réveil, les difficultés du réveil, certaines formes d'épilepsie et d'idiotisme persistant après la magnétisation, la folie même produite par le magnétisme, doivent persuader ceux qui n'ont pas beaucoup étudié, de s'abstenir de magnétiser (1). »

Braid lui-même signale le côté dangereux des hypnotisations : « J'ai toujours condamné, dit-il, dans les termes les plus énergiques, l'usage de l'hypnotisme entre les mains étrangères à la médecine. Qu'on le fasse par curiosité ou pour le motif plus noble ou plus charitable de soulager les malades, je suis convaincu que l'hypnotisme ne doit être pratiqué que par des médecins. » Et plus loin il ajoute : « Il ne doit pas servir de jouet entre les mains des ignorants qui voudraient satisfaire une vaine curiosité. Ceux qui sont disposés à l'apoplexie ou souffrent d'un anévrisme ne doivent pas en user sans une

(1) *L' ipnotismo svelato*, etc., p. 10. Turin, 1886.

grande précaution (1). » Aussi surveillait-il de très près ses sujets pendant le sommeil magnétique. « Quand je m'aperçois, dit-il, que le visage est très rouge, que les membres sont extrêmement rigides, ou que l'action du cœur est rapide et tumultueuse, je réveille immédiatement le patient (2). »

Ce n'est pas tout. « La plupart des somnambules, dit le docteur Charpignon, ressentent les douleurs des personnes avec lesquelles on les met en rapport. Cette sensation est fugitive et ne laisse pas de traces au réveil, *si l'on a soin de bien rompre le rapport.* — Si c'est le magnétiseur qui souffre, la sensation est des plus vives et elle persiste souvent au réveil. Si l'on continue plusieurs jours à magnétiser dans cette disposition maladive, on inocule à ces somnambules impressionnables *la même maladie.* On doit donc être très réservé sur ce point et étendre la prudence jusqu'aux affections de l'âme, car on ne saurait croire combien est terrible l'influence d'un esprit agité sur certains somnambules (3). »

Le docteur Ochorowicz (4) et le docteur Bertrand (5) citent plusieurs expériences à l'appui de l'assertion du docteur Charpignon.

« On trouve dans les ouvrages des magnétiseurs un grand nombre d'exemples de ce phénomène, dit le

---

(1) James BRAID, *Neurypnologie*, p. 18-52.
(2) GRASSET, *Maladies du système nerveux*, p. 1037.
(3) CHARPIGNON, *Physiologie du magnétisme*, p. 72.
(4) OCHOROWICZ, *La suggestion mentale*, p. 41 et 152.
(5) BERTRAND, *Traité du somnambulisme*, p. 220.

docteur Bertrand, et moi-même j'ai eu occasion de le constater plusieurs fois, de manière à ne conserver aucun doute. Je crois qu'il n'est personne, pour peu qu'il ait observé quelques somnambules, qui ne les ait vus souvent ressentir, par suite d'un simple contact, les *douleurs* des malades avec lesquels on les mettait en rapport (1). »

Dès l'année 1784, l'auteur anonyme d'un ouvrage intitulé : *Réflexions impartiales sur le magnétisme animal,* page 228, avait fait la même observation : « J'ai vu répéter plusieurs fois à Lyon cette expérience, les précautions les plus sûres ayant été prises pour éviter la supercherie. Les différentes somnambules qui ont servi aux expériences sont des filles du peuple. On leur a présenté des sujets malades qui leur étaient inconnus; elles ont indiqué, avec la plus grande exactitude, les maux dont ils étaient affectés. Je les ai vues *ressentir vivement les maux de ceux qu'elles magnétisaient....* »

Nous n'insisterons pas sur ce point. Que les personnes qui seraient tentées de se faire magnétiser méditent les paroles du docteur Charpignon; elles suffiront, ce nous semble, pour les en dégoûter à tout jamais.

(1) Bertrand, *Du magnétisme animal en France,* p. 428-430.

§ 5.

Le sommeil hypnotique peut devenir spontané et habituel.

« Chose non moins à remarquer, ajoute le docteur Gilles de la Tourette, c'est que le magnétisme ne se borne pas à causer un désordre immédiat, mais transitoire ; ce qu'il faut mettre en lumière, c'est que les hypnotisations trop répétées arrivent à créer un état spécial, à la fois physique et mental, qui est loin d'être sans danger. Il survient alors une variété toute particulière de somnambulisme spontané qui peut être la source d'une foule d'accidents (1). »

« Le somnambulisme, dit Charpignon, se développe ordinairement par la magnétisation directe. Mais les inconvénients sont nombreux, et nous ne conseillons pas d'en user, surtout dans un seul but expérimental. Un de ces inconvénients est d'habituer l'organisme à accomplir de lui-même la crise somnambulique. Et rien n'étant plus facile au système nerveux que de répéter spontanément les affections insolites qui l'ont impressionné, on conçoit les dangers de ces sommeils subits, de ces demi-somnambulismes (2). »

De tous les faits qu'il rapporte à cette occasion, nous n'en citerons qu'un seul, qui donnera à réfléchir

(1) Gilles de la Tourette, op. cit., p. 311.
(2) Charpignon, *Physiologie du magnétisme*, p. 297 et suiv.

à ceux qui se lancent imprudemment dans ces sortes d'expériences:

« Une domestique était devenue somnambule à la suite de nombreuses magnétisations, répétées pendant longtemps par un grand amateur de magnétisme; puis, comme en toutes choses, on finit par cesser. Cette jeune fille était très nerveuse, un peu hystérique, souvent souffrante. Elle avait grande confiance dans le magnétisme, et éprouva une vive contrariété, quand on cessa de l'endormir.

Quelques mois après, elle s'endormait dans sa cuisine, une autre fois à la fenêtre. Enfin ce somnambulisme spontané se montra si souvent et à toutes les heures, que la maîtresse congédia sa domestique pour qu'elle allât se faire soigner chez elle. Cette fille vint nous consulter, en nous affirmant qu'elle s'endormait parce qu'on la magnétisait de loin. Nous ne crûmes pas à cette magnétisation, et, persuadé que ces somnambulismes étaient spontanés et le produit de l'imagination frappée de cette fille, nous lui assurâmes qu'en prenant un médicament composé tout exprès, elle ne dormirait plus. Ce médicament était une prise de sucre en poudre. Nous voulions seulement donner une direction opposée à l'imagination. La jeune fille ne nous crut qu'à moitié. Aussi les crises somnambuliques reparurent-elles, et de plus en plus fréquentes.

Elle se retira dans son village, où on la considérait comme un oracle. Elle donnait des consultations pendant ses crises, ordonnait des médicaments, voyait à distance et déraisonnait parfois. Elle disait souvent que personne ne pourrait la guérir et qu'elle mourrait bientôt. En vain celui qui l'avait magnétisée autrefois revint-il plusieurs fois pour tâcher de faire disparaître ces crises spontanées, il n'en put venir à bout et abandonna sa victime.

Cet état dura plus de six mois, pendant lesquels la jeune fille restait sans occupation, puisque, dans la journée comme dans la nuit, elle entrait en somnambulisme. Elle eut plusieurs entretiens avec le curé de son village, qui chercha à remettre cet esprit évidemment dérangé. Dans une de ses crises, elle déclara qu'elle irait se jeter dans la Loire et que personne ne pourrait l'en empêcher. En effet, environ deux mois après, des paysans rencontrèrent cette infortunée et lui demandèrent où elle allait. « Je vais me noyer, » répondit-elle. Ils prirent cette parole pour une plaisanterie et ils la laissèrent aller. Mais elle avait dit vrai, et quelques jours après on retira son cadavre de la Loire (1). »

Quels reproches dut se faire celui qui l'avait souvent magnétisée, s'il lui restait encore quelque conscience ! Mais voici de quoi faire trembler les plus intrépides magnétiseurs et les imprudents qui se prêtent à leurs manœuvres. Gilles de la Tourette affirme que si l'impression a été assez intense, *une seule séance* suffit parfois pour provoquer de semblables résultats (2). Le

---

(1) CHARPIGNON, *Physiologie du magnétisme*, p. 207.
(2) Gilles DE LA TOURETTE, *op. cit.*, p. 314.

docteur Bérillon, dans un travail très recommandable sur l'hypnotisme expérimental, nous en fournit un exemple frappant.

« Le docteur Brémaud, médecin de la marine, étant venu, dans le courant de l'année 1884, présenter plusieurs communications sur l'hypnotisme à la Société de biologie, pria le docteur Bérillon de vouloir bien collaborer à ses démonstrations, en lui facilitant l'entrée d'un cercle où se trouvaient des jeunes gens.

» Ils se rendirent au café Procope, où se tenaient alors les séances du cercle Diderot. Là, plusieurs jeunes gens de vingt à vingt-cinq ans, qui n'avaient jamais été préalablement hypnotisés, se soumirent aux manœuvres de M. Brémaud, qui répéta, séance tenante, les expériences qu'il avait présentées à la Société de biologie.

» L'un de ces jeunes gens, nommé H., âgé de vingt-deux ans, employé à la comptabilité de la compagnie du Gaz, se montra particulièrement sensible. Aussi, le docteur Brémaud, pour convaincre ses auditeurs, s'appliqua-t-il à provoquer chez lui toutes les périodes de l'hypnotisme et à déterminer toutes les contractures spéciales à ses différentes phases.

» Dans l'état de somnambulisme, il provoqua aussi, chez ce sujet, un grand nombre de suggestions. Il lui suggéra notamment l'idée qu'il était devenu femme et qu'il allaitait un enfant. Puis il lui suggéra d'aller s'emparer de l'argent contenu dans la caisse de l'établissement. Le sujet, garçon d'une probité reconnue, n'hésita pas à se soumettre à l'injonction de l'expérimentateur, au grand étonnement de ses nombreux amis.

» Réveillé après les nombreuses expériences auxquelles il venait d'être soumis, il déclara ne se souvenir de rien, et il rentra chez lui sans accuser d'autre impression qu'une certaine fatigue musculaire et un léger mal de tête.

» Quelques jours après, la mère de M. H., qui ignorait complètement tout ce qui s'était passé, raconta au docteur Bérillon que dans la nuit qui avait suivi les expériences, elle avait été très étonnée d'entendre un bruit insolite dans la chambre de son fils. S'étant levée et étant entrée dans la chambre, elle assista avec stupeur aux scènes les plus extraordinaires.

» Elle le vit, en proie à un véritable accès de somnambulisme, faire le simulacre d'allaiter un enfant, puis, fouillant dans un tiroir, faire semblant d'y puiser des sommes imaginaires. En un mot, elle assista à la répétition exacte de toutes les scènes dont le docteur Brémaud avait déterminé l'exécution le soir même. Ces scènes se répétèrent un certain nombre de fois pendant la nuit; puis M. H. finit par se recoucher et s'endormir. A son réveil le lendemain, il était brisé de fatigue et ne se souvenait de rien. *Dans la suite, il présenta, à plusieurs reprises, des exemples semblables de somnambulisme spontané.*

» A cette occasion, M. Paul Janet, analysant les procédés du docteur Brémaud, constate qu'il commence par donner à son sujet une congestion cérébrale, soit en le faisant tourner rapidement sur lui-même, soit

en le faisant se baisser un certain temps, la tête rap-
prochée du sol. Cela fait, il procède à l'expérience et
il la répète assez souvent pour qu'elle devienne une
habitude. Qu'arrive-t-il alors? Il regarde vivement,
brusquement ce jeune homme ; l'effet est foudroyant ;
la figure est injectée ; l'œil est grand ouvert ; le pouls
de soixante-dix est passé à cent vingt pulsations.
Qu'est-ce que tout cela, si ce n'est une maladie pro-
voquée? Que voulez-vous dire avec vos sujets absolument sains, si ce n'est qu'ils se portaient bien avant
que vous les ayez rendus malades? Ne sait-on pas que
l'on peut rendre ivre l'homme le plus sobre du
monde?

» Nous ne pouvons nous empêcher de protester
contre de semblables expériences. Comment! voilà
des sujets absolument sains, et chez lesquels vous
déposez et cultivez les germes d'une maladie nerveuse
qui aurait probablement dormi toujours sans vos provocations. Il y a plus ; non seulement on rend ces
jeunes gens malades, mais on les rend malheureux!
M. B. reconnaît éprouver un certain sentiment de
crainte, toutes les fois qu'il vous rencontre ; n'être
jamais complètement à son aise avec vous et éviter
de vous rencontrer autant que possible, craignant
d'être hypnotisé par accident. — Ainsi voilà des
jeunes gens absolument sains, parfaitement paisibles,
livrés à leurs travaux et dans lesquels on jette un
trouble, une terreur qui, naturellement, suivant la
tournure d'imagination du sujet, peut tourner au
délire.... Je crois que des expériences aussi gros-

sières ne peuvent être approuvées par aucun médecin (1). »

« L'argumentation de M. Paul Janet, ajoute le docteur Gilles de la Tourette, se passe de commentaires,
et nous pouvons en tirer cette conclusion, que ces
manœuvres, que nous qualifierions volontiers de *procédés de force*, doivent être rigoureusement pros-
crites (2). »

§ 6.

Dangers des expériences hypnotiques pour les spectateurs.

« Les accidents qui se développent à la suite des
représentations théâtrales données par les magnétiseurs sont la plupart du temps du même ore
ajoute le docteur Gilles de la Tourette : état de som
nambulisme spontané survenant sous l'influence
d'une cause futile, au milieu du repas, à la vue d'un
bouchon de carafe qui brille, d'une lampe qu'on
allume. On comprend quelle perturbation se trouve
ainsi apportée dans la vie des sujets, qui deviennent
de véritables aliénés sur lesquels il faut constamment
veiller (3). »

Qu'on ne croie donc pas que ces expériences soient
sans danger pour les spectateurs. « Ils paient souvent

(1) Paul JANET, *Société de biologie*, séance du 26 avril 1884.
(2) Gilles DE LA TOURETTE, *L'hypnotisme*, etc., p. 314-317.
(3) ID., *op. cit.*, p. 314-317.

cher leur curiosité, dit le P. Franco, en courant le risque de terribles maladies. Un docteur allemand, M. Drosdow, raconte qu'une dame, institutrice municipale, dut se démettre de son emploi, parce qu'elle avait contracté la maladie hypnotique pour avoir assisté à des séances d'hypnotisme. Que nos lecteurs se rappellent combien de personnes, dans la seule ville de Turin, contractèrent des maladies très graves pour avoir *vu* Donato opérer au théâtre Scribe, et non seulement des jeunes filles faibles, mais aussi des jeunes gens robustes et des hommes de toute condition (1). »

Le docteur israélite Lombroso cite un grand nombre d'accidents survenus à la suite de représentations magnétiques. « Une dame se croit continuellement hypnotisée ; c'est un vrai délire hystérique. — Une autre eut des convulsions épileptiformes, après avoir assisté au spectacle de Donato. — Une troisième fut prise d'un sommeil hypnotique avec catalepsie pendant une séance ; enfin un magistrat, écrivain illustre, fut atteint d'une espèce de paralysie passagère, après trois quarts d'heure d'assistance aux expériences de Donato (2). »

Voilà pourquoi le docteur Édouard Gonzalès, directeur de l'asile provincial de Milan, engageait les pères de famille à ne jamais permettre à leurs enfants d'assister aux séances magnétiques de Donato, parce

(1) P. Franco, *L'hypnotisme revenu à la mode*, p. 156-163.
(2) C. Lombroso, *Studii sull' ipnotismo*. 1886.

que, disait-il, ils doivent éviter les épidémies hystériques, c'est-à-dire les crises nerveuses qui peuvent résulter de ces expériences.

§ 7.

Nécessité d'interdire les séances publiques d'hypnotisme, d'après les médecins.

Faut-il s'étonner si, après une multitude d'accidents graves dûment constatés, un grand nombre de médecins, tant en France qu'en Italie, ont pressé leurs gouvernements respectifs d'interdire aux magnétiseurs de donner des séances publiques.

Dès 1880, sur l'avis d'une commission de la Faculté de médecine, la police de Vienne interdisait les représentations d'Hansen, le célèbre magnétiseur danois. Le conseil du canton de Berne, imitant l'exemple de l'Allemagne, défendait à son tour, en 1887, les spectacles d'hypnotisme et de magnétisme.

Le 27 mai 1886, le conseil sanitaire de la province de Milan, sur l'avis du conseil de la Société royale italienne d'hygiène, ayant considéré les dommages auxquels sont exposés non seulement les hypnotisés, mais aussi les *simples spectateurs*, exprime le vœu qu'on interdise à Donato et éventuellement à tous les individus se disant magnétiseurs, hypnotiseurs, fascinateurs, les expériences publiques; de plus il engage le gouvernement à pourvoir, par une défense générale, à la santé de l'Italie. Et sur l'avis

conforme du conseil supérieur de santé du royaume
d'Italie, le gouvernement prohiba ces sortes de représentations (1). A cette époque, tous les journaux
italiens reproduisaient les félicitations de M. Charcot
lui-même, adressées au Conseil supérieur de santé,
pour avoir provoqué cette interdiction (2).

A la séance du 28 janvier 1887 de l'Académie
royale de médecine de Bruxelles, M. Rommelaère
déposa, au sujet de l'hypnotisme, la proposition suivante, sous forme de motion d'ordre :

« L'Académie royale de médecine, considérant que
la pratique vulgarisée de l'hypnotisme entraîne
souvent des accidents graves à sa suite chez les sujets
et *chez les assistants;*

» Considérant que les représentations de cet ordre
sont la provocation publique d'un état morbide
grave, appelle l'attention du gouvernement sur la
nécessité de mettre un terme aux abus qui résultent
de cette pratique. »

La proposition de M. Rommelaère, appuyée par
M. Masoin, a été adoptée par cinquante-sept docteurs
membres titulaires ou membres correspondants de
l'Académie. »

Si, en France, les séances publiques de magnétisme
n'ont pas encore été prohibées par une loi générale,
des arrêtés particuliers ont pourvu à cette absence
de législation et empêché, dans plusieurs villes
importantes, ces spectacles dangereux.

(1) P. FRANCO, *op. cit.*, p. 171.
(2) P. FRANCO, *op. cit.*, p. 157.

En 1888, le maire de Bordeaux interdisait les
représentations publiques d'hypnotisme. Au commencement de la présente année 1889, le recteur de l'Académie de Poitiers, faisant droit aux vœux émis par
le conseil d'hygiène de la Vienne, interdit toute représentation de ce genre dans les écoles communales,
primaires, élémentaires ou supérieures, dans les
écoles normales, dans les collèges et lycées de garçons et de jeunes filles de l'Académie de Poitiers.

Il y a quelques mois, on nous signalait un article
du *Petit Journal* ainsi conçu. « Nous apprenons une
bonne nouvelle qui n'a que trop tardé à se produire.
Sur l'avis du Conseil central de salubrité et d'hygiène,
les autorités académiques sont invitées à prescrire
l'interdiction de toutes séances d'hypnotisme, tant
dans les écoles primaires, supérieures, normales, que
dans les lycées et collèges de garçons et de filles.

» Depuis quelque temps, les séances d'hypnotisme,
magnétisme, sciences occultes, catalepsie, etc., etc.,
étaient devenues très fréquentes dans les écoles. La
concurrence surexcitant les chefs de pensions et les
directeurs d'écoles, c'était à qui ferait assister ses
élèves aux plus extraordinaires expériences, au grand
détriment de leur santé physique et intellectuelle. »

Il paraît, d'après un autre journal, que le conseil
municipal de Reims s'est rangé au sentiment des
hommes les plus savants, qui, de toutes parts, ont
révélé les graves dangers créés par les représentations
publiques de l'hypnotisme, et en a demandé l'interdiction.

Enfin, tout dernièrement, le maire de Marseille, qu'on ne soupçonnera pas de céder à une influence cléricale, prenait l'arrêté suivant :

« Considérant que les séances publiques d'hypnotisme et de suggestion portent atteinte à la santé et à la morale publiques;

» Considérant que ces séances ont donné lieu, ces jours derniers, à des scènes de désordre graves;

» Vu la loi du 5 avril, arrêtons :

» Toutes les séances publiques d'hypnotisme et de suggestion sont et demeurent interdites. »

Au moment où nous allions remettre notre manuscrit à l'éditeur, les journaux nous apprenaient que deux congrès réunis simultanément à Paris, pour traiter les questions concernant le magnétisme, se sont accordés pour demander l'interdiction des expériences publiques.

Ils se trompent donc, ceux qui affirment que ces sortes de spectacles sont partout tolérés sans la moindre difficulté.

Sans insister davantage, nous terminerons cette partie de notre *Etude* par ces paroles, tirées d'une revue médicale :

« On ne saurait croire, dit le docteur Paul Gibier, le mal causé par les pratiques hypnotiques ou magnétiques, quelles qu'elles soient, aux personnes qui s'y soumettent.... Tout homme qui consent à devenir *sujet* est perdu. Le plus honnête, le plus loyal, le plus chaste, peut, quelques mois après, être surpris en flagrant délit d'attentat public à la pudeur, commettre un vol ou un meurtre, sans aucune raison apparente (1). »

Ces paroles nous conduisent tout naturellement à examiner l'hypnotisme au point de vue de la morale.

III.

L'HYPNOTISME AU POINT DE VUE DE LA MORALE.

Nous avons vu combien l'hypnotisme est dangereux au point de vue de la santé. Un grand nombre de médecins attestent qu'une foule de femmes sont devenues hystériques, épileptiques ou sujettes à toutes sortes de crises nerveuses, après s'être fait hypnotiser. Des hommes ont été atteints de congestions cérébrales, frappés d'apoplexie. Maintenant nous allons voir combien ces pratiques sont en elles-mêmes immorales et antisociales, en ce qu'elles ont pour effet d'abaisser la dignité humaine et de dépraver la conscience.

Nous ne connaissons rien de plus fort, ni de plus énergique sur ce point que ce qui a été dit par Bailly, en 1784, dans le *Rapport secret,* destiné au roi. « Les commissaires chargés par le Roi de l'examen du *Magnétisme animal,* en rédigeant le rapport qui doit être présenté à Sa Majesté et qui doit peut-être de-

(1) *Répertoire universel de médecine dosimétrique,* décembre 1887, p. 562.

venir public, ont cru qu'il était de leur prudence de supprimer une observation qui ne doit pas être divulguée. Cette observation importante concerne les mœurs. » Et alors entrant dans le détail des dangers que présentent les expériences magnétiques et que la décence ne nous permet pas de reproduire ici, le rapporteur conclut que ces pratiques et les séances publiques peuvent avoir les plus graves inconvénients pour les mœurs.

Pour ne pas nous engager dans des détails qui nous entraîneraient trop loin, nous ne parlerons pas des procédés employés pour amener ou faire cesser le sommeil somnambulique. S'il en est qui n'ont rien d'inconvénant ni d'illicite, il en est d'autres d'une nature toute différente et dont beaucoup de magnétiseurs n'ont pas honte de faire usage à chaque instant. Les compressions les plus efficaces pour provoquer ou modifier les crises hypnotiques, sont les plus indécentes qui se puissent imaginer, et jamais une femme qui se respecte ne voudra les tolérer. Il semble même, d'après certaines expériences du docteur Dumontpallier, que l'opération réussit d'autant mieux que l'on s'écarte davantage des lois de la pudeur. Le docteur Ochorowicz avoue qu'il fut un jour obligé d'y recourir pour calmer une crise nerveuse survenue à la suite d'une hypnotisation (1).

Nous ne dirons rien des rêves dont, la plupart du temps, sont assaillies les somnambules pendant le

(1) Ochorowicz, *De la suggestion mentale*, p. 148.

sommeil magnétique et qui les obsèdent encore après le réveil. Ils sont d'une nature telle, dit le P. de Bonniot, que la morale ne permet pas de les provoquer volontairement [1]. Comme chez les hystériques, les gestes et les paroles répondent souvent aux rêves et sont tellement obscènes que le docteur Richer, qui cependant n'est pas timide, n'ose les reproduire et que son crayon s'arrête de lui-même.

Nous n'insisterons pas même sur un point qui ne manque cependant pas d'importance, sur la passion violente et sur l'attraction presque irrésistible qu'exerce le magnétiseur sur la personne qu'il magnétise. Voici à ce sujet un fait raconté par le docteur Ochorowicz qui en avait été témoin : « Le docteur Gibert, un des principaux médecins du Havre, ayant magnétisé une dame à distance, lui ordonne de se rendre près de lui. Cette dame répond immédiatement à son appel et traverse la ville en courant. Arrivée au domicile du docteur, elle le cherche partout, allant à droite, à gauche; se heurtant contre les personnes qui sont là, sans y faire attention; tâtant les meubles et répétant d'un ton désolé : Où est-il?.... mais où est-il, M. Gibert? Et quand elle l'a trouvé, elle se livre à une joie folle, saute sur le canapé comme une enfant et frappe des mains en criant : Vous voilà!.... Vous voilà enfin!.... Ah ! comme je suis contente [2]! »

(1) P. DE BONNIOT, *Les prodiges de la Salpêtrière.* (Revue du monde catholique, année 1883.)

(2) Ochorowicz, *op. cit.*, p. 120, 135.

Cette femme était très honnête, une digne mère de famille, et cependant voici comme elle s'exprime, en parlant d'un autre magnétiseur qu'elle affectionnait, pendant qu'elle était dans cet état de somnambulisme : « Il a beaucoup.... je ne sais pas comment dire, il a ce qu'il faut pour endormir.... il a.... je n'oserais pas lui dire *non*, par exemple.... Oh là !.... Il me ferait passer.... il me ferait passer dans la mer.... »

« Cet attachement va parfois si loin, dit.Charles Trotin, que je pourrais citer un cas où un médecin ayant été obligé, par suite d'un changement de résidence, d'abandonner une jeune femme qu'il traitait par l'hypnotisme, celle-ci en vint à ne plus vouloir consulter un autre médecin et à suivre ses prescriptions, si le premier ne le lui enjoignait par lettre, et finalement l'infortunée s'en alla le rejoindre, au grand scandale de la ville qu'elle habitait [1]. On sait la conduite que tiennent la plupart de ces prétendus docteurs qui vont de ville en ville faire des expériences. Ce n'est un mystère pour personne que, la plupart du temps, les jeunes filles qu'ils produisent en public, sont en même temps leurs maîtresses. »

Mais supposons le médecin aussi délicat que vous voudrez, dit un docteur; il est homme,.... et devant les déclarations les plus passionnées et les provocations les plus entraînantes, sera-t-il toujours maître

---

(1) Ch. Trotin, *Etude morale sur l'hypnotisme.* (Revue des sciences ecclés., année 1888, p. 37.)

de lui même? Et même en attribuant à l'opérateur une vertu plus qu'humaine, sera-ce sans les plus fâcheux inconvénients qu'il aura suscité dans cette âme les passions les plus ardentes et les plus désordonnées (1)? Nous avons là-dessus les aveux de femmes hypnotisées. — « Un jour, rapporte Charles Trotin, un médecin célèbre que la discrétion nous défend de nommer, proposa à une de ses malades de se prêter à l'hypnotisation qui l'avait antérieurement soulagée. « Docteur, répondit cette dame, vous êtes un honnête homme et moi je suis une honnête femme ; eh bien ! je ne me prêterai plus jamais à ce traitement ; car à mon réveil, je l'avoue, je ressens pour vous un attrait si violent que je ne pourrais pas y résister (2). »

Dans leur *rapport secret* au roi, les membres de la commission nommée en 1784, donnent la raison de cette passion presque irrésistible. Après avoir décrit les procédés habituellement employés par les magnétiseurs, ils ajoutent : « Il n'est pas extraordinaire que les sens s'allument ; l'imagination, qui agit en même temps, répand un certain désordre dans toute la machine ; elle surprend le jugement, elle écarte l'attention ; les femmes ne peuvent se rendre compte de ce qu'elles éprouvent ; elles ignorent l'état où elles sont.

» Les médecins commissaires, présents et attentifs au traitement, ont observé avec soin ce qui s'y passe.

(1) BAILLY, *Rapport secret.* 1784.
(2) Ch. TROTIN, *op. cit.*, p. 38.

Quand cette espèce de crise se prépare, le visage s'enflamme par degrés ; l'œil devient ardent.... On voit la femme baisser la tête, porter la main au front et aux yeux pour les couvrir ; sa pudeur habituelle veille à son insu et lui inspire le soin de se cacher. Cependant la crise continue et l'œil se trouble ; c'est un signe non équivoque du désordre total des sens. Ce désordre peut n'être point aperçu par celle qui l'éprouve, mais il n'a point échappé au regard observateur des médecins. Dès que ce signe a été manifeste, les paupières deviennent humides ; la respiration est courte, entrecoupée ; les convulsions s'établissent bientôt, suivies d'une langueur voluptueuse....

» Comme les émotions éprouvées sont les germes des affections et des penchants, on sent pourquoi celui qui magnétise inspire tant d'attachement, attachement qui doit être plus marqué et plus vif chez les femmes que chez les hommes, tant que l'exercice du magnétisme n'est confié qu'à des hommes.

» Beaucoup de femmes n'ont point sans doute éprouvé ces effets ; d'autres ont ignoré cette cause des effets qu'elles ont éprouvés ; plus elles sont honnêtes, moins elles ont dû la soupçonner. On assure que plusieurs s'en sont aperçues et se sont retirées du traitement magnétique ; mais celles qui l'ignorent ont besoin d'être préservées. Le traitement magnétique ne peut être que dangereux pour les mœurs. »

Après de tels aveux et de telles déclarations, quel est l'homme qui oserait livrer à un hypnotiseur, souvent inconnu, sa femme, sa fille ou sa sœur?

§ 1er.

Pouvoir du magnétiseur sur le magnétisé.

Mais laissant de côté cette question et d'autres d'un intérêt secondaire, nous insisterons seulement sur l'empire absolu, et aujourd'hui incontestable, qu'exerce le magnétiseur sur le magnétisé, et nous verrons que cet empire est immoral au premier chef.

« L'homme devenu somnambule par la vertu du magnétiseur, dit Donato, perd la conscience de sa propre personnalité et en même temps la mémoire, la raison et l'usage des sens.... Le magnétiseur peut priver son sujet de toute force physique et le rendre faible d'esprit; il peut lui suggérer et lui inspirer des actes que celui-ci ne voudrait pas faire et que néanmoins il ne peut éviter; il peut le forcer à répéter ses paroles et à imiter ses gestes comme une machine inconsciente; il peut produire en lui des illusions, des sensations que réellement il n'éprouve pas (1).... » Des milliers de faits ont confirmé ces assertions de Donato. Nous n'en citerons que quelques-uns.

Le magnétiseur peut troubler ou anéantir l'usage des sens. « Un jour, dit le docteur Bernheim, professeur à la Faculté de médecine de Nancy, je suggère à une femme de mon service qu'à son réveil elle ne

---

(1) DONATO, *Revue des sciences physio-psychologiques*, 10 février 1886. P. FRANCO, *op. cit.*, p. 15.

me verrait plus, qu'elle ne m'entendrait plus, que je
ne serais plus là. Réveillée, elle me cherche ; j'ai beau
me montrer, lui crier à l'oreille que je suis là ; elle
ne me voit pas, elle ne m'entend pas ; je n'existe
plus pour elle ; mais elle voit et entend les personnes
présentes ; celles-ci lui disent que je suis là, que je
lui parle ; elle ne les croit pas et s'imagine que ces personnes veulent se moquer d'elle (1). »

Un somnambule auquel on fait promettre pendant
son sommeil qu'il reviendra tel jour, à telle heure,
bien qu'à son réveil il n'ait aucun souvenir de sa
promesse, reviendra presque certainement au jour et
à l'heure marqués. « J'ai fait promettre à un ou-
vrier, dit encore le docteur Bernheim, qu'il revien-
drait me voir au bout de treize jours, à dix heures.
Réveillé, il ne se souvenait plus de rien. Le treizième
jour, à dix heures du matin, il était présent, ayant
fait trois kilomètres depuis son domicile jusqu'à l'hôpital. Il avait passé la nuit à travailler aux forges,
s'était couché à six heures du matin, et à neuf heures
se réveillait avec l'idée qu'il devait venir à l'hôpital
me voir. Cette idée, me dit-il, il ne l'avait pas eue
les jours précédents ; il ne savait pas qu'il devait
venir me trouver ; elle s'était présentée à son esprit
au moment seulement où il devait l'exécuter (2). »

Le docteur Charles Richet raconte un fait presque
semblable. Il avait commandé à une dame de se

(1) Bernheim, *De la suggestion*, p. 43.
(2) Id., *op. cit.*, p. 36.

rendre chez lui à tel jour et à telle heure. Au jour et à
l'heure convenus, elle arrive : « Je ne sais pas pourquoi
je viens, dit-elle, il fait un temps horrible. J'avais du
monde chez moi. J'ai couru pour venir ici et je n'ai
pas le temps de rester ; il faut que je reparte dans
quelques instants. C'est absurde ; je ne comprends
pas pourquoi je suis venue (1). »

Chez quelques-uns, on peut commander et obtenir
des actes à longue échéance. « Au mois d'août, raconte le docteur Bernheim, je dis, pendant son sommeil, au somnambule S., ancien sergent : « Quel jour
serez-vous libre dans la première semaine du mois
d'octobre ? » Il me dit : « Le mercredi. — Eh bien !
alors, écoutez-bien : le premier mercredi d'octobre,
vous irez chez le docteur Liébeault, et vous trouverez
chez lui le président de la République, qui vous re-
mettra une médaille et une pension — J'irai, » me
dit-il. Je ne lui en parle plus. A son réveil, il ne se
souvient de rien. Je le vois plusieurs fois dans l'intervalle, je détermine chez lui d'autres suggestions
et ne lui rappelle jamais la précédente. Le 3 octobre
(soixante-trois jours après la suggestion), je reçois de
M. le docteur Liébeault la lettre suivante : « Le somnambule S. vient d'arriver aujourd'hui chez moi, à
onze heures moins dix minutes. Après avoir salué
en entrant M. F., qui se trouvait sur son chemin, il
s'est dirigé vers la gauche de ma bibliothèque, sans

(1) Charles Richet, *L'homme et l'intelligence*, p. 253. Cullerre,
Magnétisme et hypnotisme, p. 217.

faire attention à personne, et je l'ai vu saluer respectueusement, puis entendu prononcer le mot :
« Excellence. » Comme il parlait assez bas, je suis
allé immédiatement vers lui ; en ce moment, il tendait
la main droite et répondait : « Merci, Excellence. »
Alors je lui ai demandé à qui il parlait. « Mais, m'a-t-il
dit, au président de la République. » Je note qu'il n'y
avait personne devant lui. Ensuite, il s'est tourné
encore vers la bibliothèque et a salué en s'inclinant,
puis est revenu vers M. F. Les témoins de cette scène
étrange, quelques instants après son départ, m'ont
naturellement questionné sur ce qu'était ce fou. Ma
réponse a été qu'il n'était pas fou et qu'il était aussi
raisonnable qu'eux et que moi ; *un autre agissait en
lui.*

» J'ajoute qu'ayant revu S. quelques jours plus
tard, il m'affirma que l'idée d'aller chez M. Liébeault
lui était venue subitement, le 3 octobre, à dix heures
du matin, qu'il ne savait pas du tout les jours précédents qu'il devait y aller, et qu'il n'avait aucune idée
de la rencontre qu'il y ferait.

» Quelque singuliers, quelque inexplicables que
soient ces phénomènes de suggestion à longue
échéance.... je n'ai pas hésité à les relater. J'aurais
hésité en présence d'un fait isolé; mais je les ai re-
produits tant et tant de fois sur divers somnambules,
que je n'ai pas le moindre doute sur leur réalité.
L'interprétation est du domaine de la psychologie [1]. »

(1) BERNHEIM, *De la suggestion*, p. 47-48.

« *Un autre agissait en lui.* N'est-ce pas là la clef du mystère? ajoute le P. de Bonniot, après avoir cité ce passage du docteur Bernheim. Il est bien difficile d'expliquer ces choses sans l'intervention d'une cause extérieure, intelligente, *d'un autre*, comme dit le docteur Liébeault.... Quel était cet *autre?* Ce n'était pas le docteur Bernheim, qui, aujourd'hui, est non moins que nous étonné de ce fait et qui n'essaie pas même d'en donner l'explication; cet *autre* n'est-il point le même qui donne de l'esprit aux tables tournantes ([1])? »

§ 2.

Suggestions criminelles.

« L'hypnotique, dit le docteur Ch. Féré, peut devenir un instrument de crime d'une effrayante précision et d'autant plus terrible qu'immédiatement après l'accomplissement de l'acte, tout peut être oublié, l'impulsion, le sommeil et celui qui l'a provoqué ([2]). »

« Un jour, raconte le docteur Bernheim, je demande à une dame, pendant son sommeil magnétique, s'il y a plusieurs locataires dans la maison qu'elle habite. Elle me répond que le premier étage est habité par une famille, père, mère, plusieurs jeunes filles

[1] P. DE BONNIOT, *Les prodiges de la Salpêtrière*. (Revue du monde catholique, 15 janvier 1883.)

[2] Ch. FÉRÉ, *Annales médico-psychologiques*, t. X, p. 285.

et un vieux garçon restant chez eux. Alors je lui dis ce qui suit : « Le 3 août, il y a quatre mois et demi, à trois heures de l'après-midi, vous rentriez chez vous ; arrivée au premier étage, vous avez entendu des cris sortant d'une chambre ; vous avez regardé par le trou de la serrure, et vous avez vu le vieux garçon faisant violence à une jeune fille. Vous avez été tellement saisie que vous êtes rentrée chez vous et que vous n'avez osé rien dire. Mais si la justice vient plus tard faire une enquête sur ce crime, vous direz la vérité. » Cela dit, je change le cours de ses idées ; à son réveil, je ne lui parle plus de ce fait. Trois jours après, je prie mon ami, M. Grillon, avocat distingué, d'interroger cette femme comme s'il était juge d'instruction. En mon absence, elle lui raconte les faits dans tous leurs détails, donnant les noms de la victime, du criminel, l'heure exacte du crime ; elle maintient ses dires énergiquement ; elle sait quelle est la gravité de son témoignage ; si on l'appelle à comparaître devant les assises, malgré l'émotion qu'elle en ressent, elle dira la vérité, puisqu'il le faut ; elle est prête à jurer devant Dieu et devant les hommes ! M'étant alors approché, l'avocat, remplissant l'office de magistrat, lui fait répéter sa déposition devant moi. Elle maintient avec une conviction inébranlable son témoignage. — Cela fait, je l'endors pour déraciner cette suggestion : « Tout ce que vous avez dit au juge d'instruction, lui dis-je, n'est pas vrai ; vous n'avez rien vu, le 3 août ; vous ne savez plus rien de rien ; vous ne vous souviendrez

même pas que vous avez parlé au juge d'instruction ;
il ne vous a rien demandé et vous ne lui avez rien
dit. » A son réveil, on lui rappelle son témoignage,
elle reste interdite : la nouvelle du crime la suffo-
quait ; elle n'en avait jamais entendu parler. On
insiste et une violente émotion la saisit, quand on
lui dit qu'elle sera appelée en justice pour en témoigner. — Pour calmer cette émotion je dus l'endormir
de nouveau ; à son réveil, le souvenir de toute cette
scène, véritablement effrayante de réalité, était effacé
sans retour, et le lendemain, conversant avec elle et
amenant à dessein la conversation sur les gens de la
maison, elle m'en parla naturellement, comme si
jamais il n'en avait été question entre nous (1). »

M. Liégeois, professeur à la Faculté de droit de
Nancy, a fait un grand nombre d'expériences propres
à établir la possibilité de suggérer des crimes que les
sujets accomplissent sans savoir le mobile réel qui a
guidé leur main. — Un jour il suggère à une dame
de tuer M. P., ancien magistrat, d'un coup de pistolet. Avec une inconscience absolue et une parfaite
docilité, cette dame s'avance sur M. P. et lui tire un
coup de revolver. Interrogée immédiatement par
M. le commissaire central, elle avoue son crime avec
une entière indifférence. Elle a tué M. P. parce qu'il
ne lui plaisait pas. On peut l'arrêter ; elle sait bien
ce qui l'attend. Si on lui ôte la vie, elle ira dans
l'autre monde, comme sa victime qu'elle voit étendue

(1) BERNHEIM, *De la suggestion*, p. 183.

à terre, baignant dans son sang. On lui demande si quelqu'un ne lui a point suggéré ce crime ; elle répond que non, elle y a été portée spontanément, elle seule est coupable (1).

Le docteur Bernheim rapporte un fait à peu près semblable et qui montre le pouvoir effrayant que le magnétiseur exerce sur son sujet.

« Dans l'état de somnambulisme, C. est un automate accompli qui obéit à toutes les suggestions et est susceptible de toutes les illusions. A ma volonté, il exécute tous les actes que je lui commande. Je lui fais voler une montre dans le gousset d'une personne ; je lui ordonne de me suivre pour la vendre ; je le conduis à la pharmacie de l'hôpital, boutique de brocanteur imaginaire, pour vendre la montre ; il la vend au prix qu'on lui fait et me suit, ayant tout l'aspect d'un voleur. En route, je lui fais montrer le poing à un infirmier, faire le pied de nez aux religieuses qu'il rencontre. Tout s'accomplit sans hésitation.

» Désireux de voir jusqu'où peut aller la puissance de la suggestion chez lui, j'ai un jour provoqué une scène véritablement dramatique. Je lui ai montré, contre une porte, un personnage imaginaire, en lui disant que cette personne l'avait insulté ; je lui donne un pseudo-poignard (coupe-papier en métal) et lui ordonne d'aller la tuer. Il se précipite et enfonce résolument le poignard dans la porte, puis reste fixe, l'œil hagard, tremblant de tous ses membres.

(1) Bernheim, p. 182.

« Qu'avez-vous fait, malheureux? Le voici mort! Le
sang coule! La police vient! » Il s'arrête terrifié. On
l'amène devant un juge d'instruction fictif, mon
interne. « Pourquoi avez-vous tué cet homme? — Il
m'a insulté. — On ne tue pas un homme qui vous
insulte. Il fallait vous plaindre à la police. Est-ce
quelqu'un qui vous a dit de le tuer? » Il répond :
« C'est M. Bernheim. » Je lui dis : « On va vous mener
devant le procureur. C'est vous seul qui avez tué cet
homme. Je ne vous ai rien dit, vous avez agi de
votre propre chef. » On le mène devant mon chef
de clinique, faisant fonction de procureur. « Pourquoi
avez-vous tué cet homme? — Il m'a insulté. — C'est
étrange! on ne répond pas à une insulte par un coup
de poignard! Etiez-vous dans la plénitude de vos facultés intellectuelles? On dit que vous avez le cerveau dérangé parfois. — Non, monsieur! — On dit
que vous êtes sujet à des accès de somnambulisme;
est-ce que vous n'auriez pas obéi à une impulsion
étrangère, à l'influence d'une autre personne qui
vous aurait fait agir? — Non, monsieur; c'est moi
seul qui ai agi, de ma propre initiative, parce qu'il
m'a insulté! — Songez-y, il y va de votre vie. Dites
franchement, dans votre intérêt, ce qui est. Devant
le juge d'instruction, vous avez affirmé que l'idée de
tuer cet homme vous avait été suggérée par M. Bernheim. — Non, monsieur. J'ai agi tout seul! — Vous
connaissez bien M. Bernheim, vous allez à l'hôpital,
où il vous endort. — Je connais M. Bernheim seulement parce que je suis en traitement à l'hôpital, où il

m'électrise pour guérir ma maladie nerveuse ; mais je ne le connais pas autrement. Je ne puis pas vous dire qu'il m'a dit de tuer cet homme, parce qu'il ne m'a rien dit. » Et le procureur improvisé ne put lui arracher la vérité.

» Réveillé et revenu à son état normal, C. croit avoir dormi paisiblement sur sa chaise et n'a aucun souvenir du drame dont il a été l'auteur. Les émotions terribles qui l'ont assailli, les scènes violentes évoquées devant lui, n'ont laissé aucune empreinte dans son cerveau (1). »

Voici ce que raconte M. Foureaux, dans les *Archives de l'Anthropologie criminelle*. « J'ordonne à une personne, endormie de la façon la plus complète, de s'introduire le lendemain furtivement chez M. Focachon, prenant garde d'être aperçue, de voler un bracelet dans une armoire que j'indiquais et de l'apporter chez moi secrètement, en faisant différents circuits pour me garantir de tout soupçon. J'ajoutai qu'en aucun cas elle ne devait ni m'accuser ni me trahir....

» On ne se douterait jamais de la ponctualité mise à l'exécution de mes ordres, encore moins de l'adresse stupéfiante avec laquelle le vol fut commis. Interrogée par M. Focachon, après une résistance muette et avec un effort visible, elle avoue que c'est elle, mais refuse obstinément de faire connaître celui qui l'a engagée à commettre ce vol (2).

---

(1) BERNHEIM, *De la suggestion*, p. 54-55.
(2) P DE BONNIOT, *Le miracle et ses contrefaçons*, p. 257.

» Après M. Focachon, M. Foureaux prend la parole :
« J'ai à me venger de quelqu'un, voulez-vous m'aider ?
— Tout de suite. — Vous savez que M. Z. est mon
ennemi. — Je crois bien ! — Alors vous allez le
dénoncer ; aussitôt éveillée, vous écrirez au juge de
paix de Charmes, pour lui dire que vous avez été
accusée ici du vol d'un bracelet, mais que vous êtes
innocente, que le coupable est M. Z., et que vous
l'avez vu commettre ce vol. — Mais ce sera faux,
puisque c'est moi qui ai pris le bracelet. — N'importe,
vous écrirez cela. — Soit, mais ce n'est pas vrai.
— Si, c'est vrai ; car vous êtes trop honnête fille pour
avoir volé, ce n'est pas vous.... vous m'entendez
bien ! ce n'est pas vous, je vous dis que ce n'est pas
vous ! — Mais non, ce n'est pas moi ! — C'est M. Z.
qui est le voleur ; vous l'avez vu ! — (*Avec énergie.*)
Oui, je l'ai vu, c'est lui ! — Vous allez l'écrire au
juge de paix tout de suite, il faut que je le dénonce. »

» Et dès son réveil, persuadée de la vérité entière
de sa dénonciation, elle rédigeait, cachetait et affran-
chissait, séance tenante et spontanément, une lettre
au juge de paix et qu'elle allait porter à la poste,
quand on la rendormit pour l'en empêcher. Cette
lettre est entre nos mains.

» Maintenant, elle a tout oublié et serait la première étonnée, si on lui racontait cet épisode ; mais
pour peu qu'on le lui eût suggéré, elle ne manquerait
pas de se rendre, aussi bien dans quinze jours ou
dans un mois d'ici, devant un tribunal quelconque
pour déposer, sous la foi du serment et avec la plus

entière sincérité, de ces mêmes faits dont le magnétisme lui aurait imposé l'hallucination persistante (1). »

« Il ne faudrait pas croire, dit le docteur Gilles de
la Tourette, que lorsqu'il est réveillé, le sujet est un
automate de cire marchant à pas comptés vers l'accomplissement de la suggestion. Bien au contraire, il
jouit d'une individualité qui est la sienne propre,
nullement altérée, individualité qu'il met au complet
service de l'exécution de l'ordre qu'il a reçu.

» En juin 1884, nous nous réunissions, avec nos
collègues de la Salpêtrière, dans le laboratoire de
notre maître, M. le professeur Charcot. W., grande
hystérique, très facilement hypnotisable et sugges-
tible, fut priée de s'y rendre. A peine a-t-elle franchi
la porte que nous la fixons en catalepsie, au moyen
d'un coup de gong frappé auprès d'elle. Dès lors elle
nous appartient. Nous la mettons en somnambulisme par la friction sur le vertex, et la conversation
s'engage : « Quand vous serez réveillée.... — Mais je
ne dors pas ! — Je le sais bien ! Mais là n'est pas la
question ; admettons que vous dormiez. Quand donc
vous serez réveillée, vous empoisonnerez M. G. —
Taisez-vous ; si l'on vous entendait. — Il n'y a aucune crainte à avoir, nous sommes ici parfaitement
seuls. (Cette simple affirmation suffit pour qu'elle
n'entende plus, ne voie plus aucune des personnes
présentes à cette scène.) — Mais pourquoi voulez-
vous que j'empoisonne M. G.? Il ne m'a rien fait ;

(1) P. DE BONNIOT, op. cit., p. 258.

c'est un très aimable garçon. — Je veux que vous l'empoisonniez. — Je ne l'empoisonnerai pas. Après tout, je ne suis pas une criminelle. — Cependant vous savez bien que c'est lui qui est cause de votre brouille avec Mme R. — Allons donc! — Je vous l'affirme. » Sa volonté faiblit de plus en plus, et elle nous déclare qu'elle est prête à exécuter notre ordre. « Je n'ai pas de poison, dit-elle; si je lui donnais un coup de couteau ou si je lui tirais un coup de pistolet? — Le pistolet fait trop de bruit. Voici un verre ; j'y verse de la bière (fictive) ; j'y ajoute le poison ; il s'agit maintenant de le faire absorber à M. G., lorsque vous serez réveillée. En tout cas et quoi qu'il arrive, vous ne vous souviendrez nullement, si l'on vous interroge, que c'est moi qui vous ai engagée à empoisonner M. G., même si on vous interrogeait, *en vous endormant à nouveau.* — Bien, Monsieur. »

» Nous la réveillons par un léger souffle sur les yeux, et alors se déroule la scène suivante, du plus haut tragique, telle que M. Jules Claretie, qui y assistait, nous disait n'en avoir jamais vu de mieux jouée au théâtre.

» Nous sommes sept ou huit dans le laboratoire, tous bien connus de W. A peine réveillée, elle va de l'un à l'autre, suivant ses sympathies, cause, dit un mot à chacun; rien ne peut faire soupçonner les pensées qui l'agitent. Les assistants se regardent avec une certaine inquiétude : la suggestion réussira-t-elle, le sujet ayant paru d'ailleurs, on se le rappelle, opposer quelque résistance ?

» Cependant W. n'oublie rien et nous la voyons se diriger, de l'air le plus dégagé du monde, vers M. G. « Mon Dieu! qu'il fait chaud ici, lui dit-elle; vous n'avez pas soif, vous? moi, j'en meurs; je suis sûre que vous devez avoir soif. Monsieur L., n'avez-vous pas encore quelques bouteilles de bière? Offrez-nous-en donc une, s'il vous plaît. — Inutile, dit G., je vous assure, Mademoiselle, que je n'ai pas soif. — Par cette chaleur, c'est impossible; vous ne pouvez refuser; d'ailleurs M. L. nous offrait de la bière, il n'y a qu'un instant, et, tenez, voici un verre qui est encore rempli (dit-elle en saisissant celui où fictivement nous avions versé du poison); acceptez-le, je vous prie, de ma main, et buvez. — Merci, je n'ai pas soif; toutefois je veux bien le prendre, mais pas sans un baiser. (Ici, W. a un moment de révolte; elle est obligée de sourire à celui qu'elle veut empoisonner; elle ne peut lui refuser un baiser; elle sacrifierait tout pour accomplir l'ordre fatal. Nous restons convaincu qu'elle se livrerait tout entière, si l'accomplissement de la suggestion acceptée était à ce prix.) —Vous êtes exigeant, dit-elle; mais enfin.... (Il l'embrasse.) Buvez maintenant. Craignez-vous donc que cette bière ne renferme quelque chose de nuisible? Voyez, j'en bois moi-même. (Elle fait le simulacre de boire, se gardant bien d'avaler une gorgée du liquide.) Vous m'avez embrassée; j'ai bu dans votre verre : nous sommes quittes. »

» G. boit alors lentement, sans cesser de regarder fixement W., dont la figure a pâli singulièrement. Il a fini de boire et ne tombe pas mort! L'ordre ne s'accomplirait donc pas jusqu'au bout? Que faire? Nous pressentons une attaque. Mais G. ferme les yeux et roule sur le plancher. « Ça y est! » dit W. d'une façon presque imperceptible.

» Nous nous empressons auprès de G., que l'on emporte rapidement dans une pièce voisine; puis nous rentrons. W. est visiblement agitée. « Quel malheur! disent les assistants; pauvre garçon, il est mort, si jeune! etc., etc.; il aura bu trop frais; une syncope.... On ne sait pas.... — Mais, dit l'un de nous, s'il y avait eu du poison dans le verre? G. a des ennemis; qui sait? Qu'en pensez-vous, mademoiselle W.? — Moi? rien. »

» D'ailleurs, Messieurs, disons-nous, voici justement M. F., le juge d'instruction; nous allons le charger d'élucider cette affaire : que personne ne sorte!

» M. F. interroge plusieurs personnes; on écrit leurs dépositions; puis vient le tour de W. « Mademoiselle, vous n'êtes certainement pour rien dans cette malheureuse affaire; mais n'avez-vous aucun soupçon? Ne croyez-vous pas, par exemple, qu'il y ait eu du poison dans ce verre? — Je puis vous affirmer, Monsieur, qu'il n'y en avait pas, et la preuve, la voici : M. G. m'avait embrassée; j'ai pris la liberté de boire dans son verre, et vous voyez que je n'en suis nullement incommodée. »

» Elle avait ainsi, *d'elle-même,* inventé une contre-épreuve qui, comme on le voit, ne manquait pas de valeur. Il fut en outre impossible de lui arracher le moindre aveu.... Toutefois elle était fort surexcitée, et dans la crainte où nous étions que la pièce ne se terminât par une crise d'hystérie, nous jugeâmes à propos d'endormir W. et de lui rendre, au réveil, le calme dont elle jouissait auparavant (1). »

Il y en a qui prétendent que le *sujet* peut toujours résister aux suggestions qui sont contraires à l'honnêteté et à ses sentiments habituels ; c'est l'opinion de Ch. Trotin ; mais ils ne citent pas un seul exemple d'une suggestion à échéance, imposée et acceptée pendant le sommeil magnétique, qui n'ait pas été suivie d'effet, par la résistance volontaire que le sujet a opposée à son exécution. Le fait que nous venons de rapporter et plusieurs autres que nous avons déjà cités prouvent surabondamment que si, au début, le *sujet* manifeste quelque hésitation et quelque résistance, il finit toujours par céder, lorsque le magnétiseur insiste avec force.

Il fut commandé, dit le P. Franco, pendant le sommeil magnétique, à une enfant très honnête de s'armer d'un pistolet, à telle jour et à telle heure, et de le décharger sur la poitrine de sa mère qu'elle trouverait dans telle chambre. Et la pauvre enfant exécuta ponctuellement cet ordre. Il est inutile d'ajouter que sa mère était avertie et que le pistolet n'était pas chargé (2).

Le professeur Liégeois présente à un jeune som-

(1) Gilles DE LA TOURETTE, *L'hypnotisme et le   s analogues,* p. 132-135.

(2) P. FRANCO, *L'hypnotisme revenu à la mode,* p. 56.

nambule un paquet de poudre blanche, en lui disant
que c'est de l'arsenic, et lui commande de le mettre
dans un verre d'eau et de le présenter à sa tante
pour l'empoisonner. A peine rentré chez lui, ce
jeune homme exécute l'ordre qu'il a reçu pendant son
sommeil (1).

Le même professeur fait souscrire à des somnambules des obligations de dettes imaginaires ou leur
fait faire des dénonciations calomnieuses que l'hypnotisé, une fois réveillé, tient pour vraies et qu'il
porte en réalité à la police.

M. Liégeois raconte lui-même l'expérience sui-
vante : « Je dis à Mlle E. : « Je vous ai, vous le savez,
prêté cinq cents francs ; vous allez me signer un billet qui constatera ma créance. — Mais, Monsieur, je
ne vous dois rien ; vous ne m'avez rien prêté. —
Votre mémoire vous sert mal, Mademoiselle, je vais
préciser les circonstances du fait. Vous m'aviez demandé cette somme et j'ai consenti volontiers à vous
la prêter ; je vous l'ai remise hier, ici même, en un
rouleau de pièces de vingt francs. » Sous l'action
de mon regard, et en présence de mon affirmation
faite d'un ton de sincérité, Mlle E. hésite, sa pensée
se trouble ; elle cherche dans sa mémoire ; enfin,
celle-ci, docile à ma suggestion, lui rappelle le fait
dont je viens d'évoquer le souvenir ; ce fait, pourtant
imaginaire, a pris à ses yeux tous les caractères de
la réalité : elle reconnait la dette et signe un billet.

(1) CULLERRE, *Magnétisme et hypnotisme*, p. 362.

Mlle E. est majeure, le *Bon pour* est écrit de sa main, conformément à l'article 1326 du Code civil. Le billet est donc conforme à la loi. Si je le mettais entre les mains d'un huissier, il en poursuivrait légalement le paiement (1). »

« Un jour, rapporte l'*Italia*, Donato fit écrire son testament à un de ses *sujets*. Le pauvre homme, avec des gestes de désespoir, comme s'il eût souffert à la pensée de sa mort prochaine, écrivit : *Je laisse tout ce que je possède à mon bon frère*.... Donato lui mit ensuite dans la main un journal roulé en cornet et lui fit croire que c'était un poignard; l'hypnotisé se le plongea dans la poitrine et tomba comme mort (2). »

La plupart des journaux ont raconté, au mois d'avril dernier 1889, qu'à Buda-Pesth, un élève a soumis un grand nombre de ses camarades à des expériences d'hypnotisme, dans le but d'induire ceux-ci à voler leurs parents. Obéissant à la suggestion du précoce criminel, les enfants dérobaient de l'argent chez leurs parents, puis remettaient à leur hypnotiseur le produit de leur vol.

« Au moment où nous transcrivions les expériences du docteur Liégeois, ajoute le P. Franco, nous lisions dans le *Giorno* de Florence : « On télégraphie de Rome à l'*Italia* : « Le procureur du roi demande » l'autorisation de poursuivre en justice le député » Catello Fusco, professeur à Naples, parce que, au

(1) Liégeois, *De la suggestion hypnotique dans ses rapports avec le droit civil et le droit criminel.*

(2) P. Franco, *op. cit.*, p. 31.

» moyen de l'hypnotisme, il a extorqué à l'ex-clerc
» Paul Conti l'aveu écrit d'une fraude imaginaire et
» l'a présenté comme document au tribunal (1). »

§ 3.

Crimes commis par des hypnotiseurs.

Des expériences innombrables prouvent que le
sujet hypnotisé reste tellement sous la puissance de
l'hypnotiseur, même après l'expérience, qu'il peut lui
commander ce qu'il veut avec la certitude d'être obéi.
C'est assez dire à quoi s'exposent une foule de jeunes
femmes et de jeunes filles qui, dans une soirée, se
laissent hypnotiser, avec la plus grande insouciance,
pour s'amuser ou divertir la société. Car s'il y a
d'honnêtes gens parmi les magnétiseurs, dit le docteur Ernest Naville, dans un rapport lu à l'Académie
des sciences morales et politiques, il y en a qui ne
le sont pas ; et il cite l'exemple d'une jeune fille à
laquelle des magnétiseurs suggéraient le désir de se
livrer à des actes honteux et qui, à son réveil, sous
l'obsession de pensées mauvaises, s'y livrait avec une
espèce de fureur (2).

Le docteur Cullerre rapporte plusieurs faits semblables ; entre autres celui d'une dame outragée par

---

(1) P. Franco, op. cit., p. 57.
(2) Ernest Naville, L'hypnotisme et le libre arbitre. (Bulletin
de l'Académie des sciences morales et politiques, numéro de
novembre 1886, p. 690.)

son médecin et devenue folle de honte lorsque, réveillée du somnambulisme, elle connut l'attentat dont elle avait été l'objet. Que de crimes hypnotiques nous pourrions citer, écrit le P. Franco, qui ont été récemment déférés aux tribunaux et qui ont couru dans les feuilles publiques de Suisse et d'Italie ! « Un médecin nous affirme carrément, ajoute-t-il, que certains collègues de sa connaissance se servent habituellement de l'hypnotisme pour abuser des dames et des demoiselles de leur clientèle (1). »

La plupart des journaux français ont rendu compte du procès Castellan, dont les détails sont capables, dit un publiciste italien, de faire dresser les cheveux sur la tête.

« Le 31 mars 1865, rapporte le docteur Pr. Despine, d'après le compte rendu des audiences du 29 et du 30 juillet 1865, des assises de Draguignan, un mendiant arriva au hameau de Guiols (Var). Il avait vingt-cinq ans environ ; il était estropié des deux jambes. Il demanda l'hospitalité au nommé H., qui habitait ce hameau avec sa fille. Celle-ci était âgée de vingt-six ans et sa moralité était parfaite. Le mendiant, nommé Castellan, simulant la surdi-mutité, fit comprendre par des signes qu'il avait faim ; on l'invita à souper. Pendant le repas, il se livra à des actes étranges qui impressionnèrent les assistants ; Joséphine H. en fut vivement émue et elle se coucha habillée par crainte du mendiant. Ce dernier passa la nuit au grenier à

(1) P. FRANCO, op. cit., p. 269.

foin, et le lendemain, après avoir déjeuné, il s'éloigna
du hameau. Il y revint bientôt, après s'être assuré
que Joséphine resterait seule pendant toute la journée.
Il la trouva occupée des soins du ménage et s'entretint
avec elle pendant quelque temps, à l'aide de signes.
La matinée fut employée par Castellan à exercer sur
cette fille une sorte de fascination, et après être par-
venu à la magnétiser, il lui fit subir les derniers
outrages. Chose épouvantable ! Joséphine avait conscience de ce qui se passait, mais, retenue par une
force invincible, elle ne pouvait faire aucun mouvement ni pousser un cri, quoique sa volonté protestât
contre l'attentat qui était commis sur elle. Revenue
à elle, elle ne cessa pas d'être sous l'empire de
Castellan, et à quatre heures de l'après-midi, au
moment où cet homme s'éloignait du hameau, la
malheureuse, entraînée par une influence à laquelle
elle cherchait en vain à résister, abandonnait la
maison paternelle et suivait, éperdue, ce mendiant
pour lequel elle n'éprouvait que de la peur et du dé-
goût....

» Le lendemain, le sieur Sauteron les rencontra
dans un bois et les amena chez lui. Joséphine lui fit
part de son malheur, en ajoutant que dans son désespoir elle avait voulu se noyer. Le 3 avril, Castellan,
toujours suivi de cette jeune fille, s'arrêta chez le
sieur Coudroyer, cultivateur. Joséphine ne cessait de
se lamenter et de déplorer la malheureuse situation
dans laquelle la retenait le pouvoir irrésistible de cet
homme. Ayant peur des outrages dont elle craignait

d'être encore l'objet, elle demanda à coucher dans une chambre voisine. Castellan s'approcha d'elle et la saisit au moment où elle allait sortir : aussitôt elle s'évanouit. Puis, bien que, d'après les déclarations des témoins, elle fût comme morte, on la vit, sur l'ordre de Castellan, monter les marches de l'escalier, les compter, puis rire convulsivement. Il fut constaté qu'elle se trouvait alors complètement insensible.

» Le lendemain 4 avril, elle descendit, dans un état qui ressemblait à de la folie, elle déraisonnait et refusait toute nourriture. Elle invoquait Dieu et la Vierge. Castellan, voulant donner une nouvelle preuve de son ascendant sur elle, lui ordonna de faire à genoux le tour de la chambre ; elle obéit. — Emus de la douleur de cette malheureuse et indignés de l'audace avec laquelle son séducteur abusait de son pouvoir sur elle, les habitants de la maison chassèrent le mendiant malgré sa résistance. A peine avait-il franchi la porte que Joséphine tomba comme morte. On rappela Castellan ; celui-ci fit sur elle divers signes et lui rendit l'usage de ses sens....

» Le lendemain ils partirent ensemble. On n'avait pas osé empêcher Joséphine de suivre cet homme. Tout à coup on la vit revenir en courant ; Castellan avait rencontré des chasseurs, et pendant qu'il causait avec eux, elle avait pris la fuite. Elle demandait en pleurant qu'on la cachât, qu'on l'arrachât à cette influence. Ces gens charitables la ramenèrent chez son père et livrèrent le malfaiteur à la justice.

Castellan passa aux assises de Draguignan et fut condamné à douze ans de travaux forcés (1). »

« Il est donc vrai, dit un ancien professeur à la Sorbonne, que le magnétisé appartient tout entier, corps et âme, à son magnétiseur. Il est à lui comme l'argile est au potier qui la pétrit; il est à lui comme l'esclave antique appartenait à son maître, avec un caractère aggravant d'infamie, car l'esclave antique, après avoir livré ses pieds et ses mains aux chaînes, gardait, avec l'honneur et la dignité de son âme, la fière indépendance de sa pensée. La créature hypnotisée livre à la fois son corps et son âme; elle perd la défense suprême des âmes libres; elle abandonne sa volonté. Elle est au magnétiseur comme l'animal domestique, avec cette différence que l'animal résiste parfois et que la personne hypnotisée ne résiste pas (2). »

§ 4.

Magnétiseurs dérobant les secrets les plus intimes.

On comprend qu'avec l'empire qu'exerce sur son sujet le magnétiseur, il peut lui arracher les secrets les plus importants qu'il n'a pas le droit de connaître, et en obtenir des révélations, des confidences que celui-ci n'eût certainement pas faites pendant la veille.

(1) BERNHEIM, *De la suggestion*, p. 179-180.
(2) L'abbé MÉRIC, *Le merveilleux et la science*, p. 8.

Le docteur Blandin racontait parfois qu'il lui était arrivé une aventure assez désagréable. Dans une réunion de ses clientes, on le pria d'hypnotiser une jeune dame. Une fois endormie, elle répondit à plusieurs questions, et la curiosité devenant plus vive, on lui demanda quel homme elle avait aimé. Après une certaine hésitation, beaucoup de rougeur et d'embarras, elle dit : Mon Dieu ! c'est M.... Ce n'était pas son mari. M. Blandin ne lui permit pas d'achever ; il la réveilla bien vite, le mari entrait. « J'ai été tellement ému, ajoutait-il, que j'ai bien juré de ne plus me prêter à une manœuvre que j'avais regardée comme un badinage. »

La même chose arriva à M. Beaunis. « Un jour, dit-il, étant encore jeune, je profitai, un peu indiscrètement, d'un moment où Mlle X. était endormie, et je lui fis raconter toute sa vie passée. Entre autres choses, elle m'apprit qu'elle avait eu un enfant, fait que personne dans son entourage ne soupçonnait et qu'elle cachait soigneusement. Une fois réveillée, elle fut excessivement effrayée, quand je lui racontai tout ce qu'elle m'avait dit, et, fondant en larmes, elle me supplia de lui garder un secret dont la divulgation aurait pu avoir pour elle des conséquences très graves [1]. »

Ces faits se renouvellent à chaque instant. « Un jour, racontent MM. Demarquay et Giraud-Teulon,

---

[1] Ch. Trotin, *Etude morale sur l'hypnotisme*. (Revue des sciences ecclés., janvier 1888, p. 39-41).

une dame hypnotisée et interrogée par nous se prit à répondre à notre curiosité scientifique, par des confidences faites pour satisfaire toute autre sorte de curiosité, et tellement graves, tellement dangereuses pour elle-même, qu'aussi effrayés pour la malade que frappés de notre responsabilité fatalement engagée, nous nous empressâmes de réveiller la malheureuse auteur de ces trop libres communications. Ce court récit, ajoutent ces messieurs, laissera, nous l'espérons, dans l'esprit de nos lecteurs, une impression salutaire, en leur dévoilant un nouvel aspect des dangers qu'il y a à se laisser hypnotiser par le premier venu [1]. »

Car tous les médecins ne sont pas aussi réservés que MM. Demarquay et Giraud-Teulon. « On pourra voir dans l'ouvrage du docteur Beaunis, dit Charles Trotin, des traits analogues, dont quelques-uns ne font pas grand honneur à la délicatesse morale et professionnelle du docteur Liébeault. « Un jour, raconte ce docteur, j'affirmai à une jeune fille que j'étais un prêtre et qu'elle était elle-même une pénitente venue pour se confesser. Cette jeune fille prit son rôle au sérieux et me fit sa confession [2]. »

Tout cela est épouvantable! nous dira-t-on. C'est vrai; et les plus chauds partisans de l'hypnotisme reconnaissent eux-mêmes que l'on peut en abuser; mais au fond, ajoutent-ils, ces abus ne présentent

---

(1) Ch. Trotin, *op. cit.*, p. 39. — Demarquay et Giraud-Teulon, *Recherches sur l'hypnotisme.* 1860.

(2) Idem, p. 41.

aucun danger sérieux, puisqu'on ne peut hypnotiser personne sans son consentement formel. C'est, dit le P. Franco, le refrain ordinaire répété par Braid, par Donato et par beaucoup d'autres ; mais il est trompeur. — D'autres magnétiseurs nient absolument la nécessité du consentement, et assurent au contraire pouvoir hypnotiser une personne par surprise et même contre sa volonté formelle [1]. Que faut-il penser sur ce point ? — Cette question, on le comprend, est de la dernière importance.

§ 5.

Peut-on hypnotiser quelqu'un sans son consentement ?

Peut-on hypnotiser quelqu'un à son insu et malgré lui ? Donato le nie. « Sans vouloir rechercher la cause excitatrice du magnétisme dans l'homme, qui nous est inconnue, il est manifeste qu'une telle influence ne peut agir entre les hommes, sans le libre vouloir de celui qui l'émet et de celui qui la reçoit. Les phénomènes du magnétisme humain ne peuvent donc pas se manifester sans le concours simultané de deux volontés correspondantes, l'une active, pour provoquer le fait, l'autre passive, qui se prête comme instrument. Il paraît indispensable qu'un être humain se livre à l'expérimentateur, au moins pour un ins-

---

(1) Franco, *L'hypnotisme revenu à la mode*, p. 57.

tant, afin que celui-ci puisse exercer son influence sur lui d'une manière efficace [1]. »

Les paroles du docteur Bernheim ne sont pas moins formelles : « Le sommeil provoqué ne dépend pas de l'hypnotiseur, mais du sujet ; c'est sa propre foi qui l'endort. Nul ne peut être hypnotisé contre son gré, s'il résiste à l'injonction.... « Je suis heureux, écrivait-il à M. Paul Janet, de me joindre à vous pour rassurer le public contre toute crainte chimérique [2]. »

C'est la même raison que donnait Braid à ceux qui lui opposaient que l'hypnotisme était immoral. Il déclarait que l'état hypnotique ne peut être déterminé ou produit, dans aucune de ses périodes, sans le consentement de la personne opérée [3]. »

Et cependant des hommes très savants affirment le contraire. Le docteur Bertrand, le docteur Ochorowicz disent expressément que les phénomènes magnétiques peuvent s'obtenir *avec la volonté, sans la volonté, contre la volonté.* — Que faut-il croire ?

Ces assertions contradictoires montrent combien la plupart des écrivains de nos jours ont peu de logique ; presque toujours ils concluent du particulier au général. Ces assertions sont vraies en certaines circonstances et ne le sont pas en d'autres. Ainsi l'assertion de Braid, de Donato, de Bernheim est

[1] DONATO, *Revue des sciences physio-psychologiques*, p. 12.
[2] BERNHEIM, *De la suggestion*, p. 203.
[3] BRAID, *Neurypnologie*, Prolégomènes, p. 17.

vraie, quand elle s'applique à des gens qui n'ont
jamais été hypnotisés ; elle est fausse, quand elle
s'applique à des personnes qui ont été hypnotisées
un certain nombre de fois.

Le docteur Beaunis a parfaitement saisi cette distinction : « J'ai observé des faits, dit-il, qui me
prouvent qu'une personne peut parfaitement être
hypnotisée malgré elle ; seulement, c'est à une condition, c'est que cette personne ait déjà été hypnotisée. Quand on essaie pour la première fois, le sujet
peut toujours résister, en ne se prêtant pas au procédé qu'on veut employer. Ainsi le rire est un
excellent moyen d'éviter le sommeil provoqué ; dès
que la personne que vous voulez endormir se met à
rire et tourne la chose en plaisanterie, vous pouvez
cesser votre tentative, elle ne réussirait pas. Donc
l'affirmation de Braid et du docteur Bernheim est
vraie, mais seulement pour ceux qui n'ont jamais
été hypnotisés. Mais pour ceux qui l'ont déjà été, il
n'en est plus de même ; il en est toujours un certain
nombre qu'on peut endormir malgré eux. Ceux-là
sont absolument sous la puissance de celui qui les
endort habituellement ; toute résistance de leur part
est impossible [1]. »

« Mⁱⁱ Z. fut magnétisée par moi, raconte le docteur Ochorowicz, pour des attaques hystériques....
La première séance ne donna rien de positif. La
malade, après avoir passé par un engourdissement

(1) BEAUNIS, *Le somnambulisme provoqué*, p. 34-35.

à peine sensible pour elle, se trouva un peu mieux, mais n'attribua aucune action au magnétisme. Une deuxième séance provoqua le sommeil magnétique, puis une attaque assez longue ; mais le passage de la veille au sommeil et du sommeil à l'état normal s'accomplit d'une façon tellement insensible qu'elle n'a pas voulu croire au sommeil et ne se doutait guère de l'attaque.

» A la troisième séance, elle me dit ne pas croire du tout au sommeil provoqué et affirma que je ne réussirais jamais à l'endormir ; que si elle était restée quelque temps immobile, c'était parce que tel était son bon plaisir, mais que si elle essayait un peu de résister, je n'aurais sur elle aucune influence.... Au bout de quelques minutes, elle était endormie par la fixité du regard, tout en répétant sans cesse : « Non ! je ne veux pas !.... Vous ne me ferez rien !.... » Ce délire somnambulique dura plus d'une heure (1). »

Mais si un magnétiseur acquiert une telle influence sur son sujet en deux ou trois séances et l'endort ensuite malgré lui, combien de temps durera cette influence ? Question capitale pour ceux qui seraient tentés de se faire magnétiser. Or voici une expérience qui est bien capable, ce nous semble, de les en détourner et qui a été faite en présence de M. Ampère, de l'Académie des sciences, et de MM. Adelon et Ribes, de l'Académie de médecine.

(1) Ochorovicz, *De la suggestion*, p. 145.

« Une demoiselle, nommée Samson, avait été guérie par M. Dupotet. Un médecin trouva ingénieux, pour détruire l'effet de cette guérison, d'annoncer que cette demoiselle était rentrée à l'Hôtel-Dieu et qu'elle y était morte. M. Dupotet, l'ayant rencontrée dans la rue, la conduisit chez M. Husson, rapporteur de la commission académique, où tout le monde la reconnut. Il s'agissait de vérifier, par de nouvelles expériences, les phénomènes qu'elle présentait, *il y a six ans*, mais elle s'y refusa obstinément, et cette obstination suggéra aux membres de la commission l'idée d'essayer l'action du magnétisme contre le gré du sujet. « Je sentis cette espèce de provocation indirecte, raconte M. Dupotet, et je me mis en mesure d'y faire honneur. Je commençai donc à agir sur elle à *son insu*, et alors s'engagea entre elle et moi une sorte de lutte, dans laquelle on la voyait faire tous ses efforts pour se soustraire à mon influence : elle éprouva une violente agitation, qui, interrompue un instant par l'abattement et l'immobilité la plus complète, recommença avec les caractères les plus curieux : elle nous offrit en effet l'image la plus frappante des anciennes sibylles ; dominée comme elles par une force irrésistible, elle s'élançait brusquement de son fauteuil, comme ces prophétesses de leur trépied ; rien ne pouvait la distraire de cet enthousiasme frénétique. Après avoir épuisé tous les genres d'excitation physique, on imagina de lui dire à haute voix les injures les plus offensantes, celles auxquelles une femme est le plus sensible ; mais son impassibilité complète prouvait évidemment qu'elle n'entendait point. Moi, placé à une certaine distance, je lui parlais et me faisais écouter ; je la touchais et elle me sentait. Il en fut de même quand il s'agit de la réveiller : ces messieurs, pour y réussir, firent le bruit, on pourrait même dire le vacarme le plus étourdissant, mais rien n'opéra ; ce fut alors que recevant d'eux l'invitation de la réveiller, il ne me fallut, pour y parvenir à l'instant, que l'acte simple de ma volonté. »

Le procès-verbal de cette expérience fut signé par toutes les personnes présentes, au nombre de près de vingt [1].

« Mais, ajoute le P. Franco, supposé que le consentement soit toujours nécessaire, sera-ce toujours un obstacle aux abus ? Chacun sait combien il est facile d'obtenir un consentement. Dans les réunions particulières, des jeunes filles, des jeunes femmes avides de sensations nouvelles, se laissent hypnotiser sans la moindre résistance. — Dans l'intimité des familles, un médecin fera sans peine accepter une cure hypnotique. — Quelle jeune fille, éprise d'un jeune homme qui sait hypnotiser, résisterait à ses insinuations [2] ? »

---

(1) *Le propagateur du magnétisme*, 1827, p. 52.
(2) P. FRANCO, *op. cit.*, p. 181-182.

§ 6.

L'hypnotisme, faisant perdre la raison et le libre arbitre, est immoral au premier chef.

De tout ce que nous venons de dire, il résulte que toute personne mise en état de somnambulisme devient, entre les mains de l'expérimentateur, un pur automate, tant sous le rapport moral que sous le rapport physique; « c'est, dit le docteur Naville, comme une sorte de pantin dont l'opérateur tient les ficelles. Quels sont les fils invisibles qui placent ainsi un homme sous la dépendance d'un autre [1]? Question mystérieuse que, jusqu'à ce jour, les docteurs-médecins ont vainement cherché à résoudre, mais qui suffit pour montrer que l'hypnotisme est immoral au premier chef. Car la raison nous dit qu'il n'est pas permis d'éteindre la lumière de l'intelligence et par là de rendre muet le jugement de la conscience, de manière que l'homme fasse indifféremment le bien ou le mal. De là est passée en force de chose jugée, dans les codes des nations civilisées, la défense de s'enivrer, de fumer l'opium, de boire le haschisch ou de faire quoi que ce soit qui ait pour résultat de se priver, même pour peu de temps, de la liberté morale. »

Il n'est pas d'homme, dit le P. Franco, si sauvage

[1] Ernest NAVILLE, *op. cit.*, p. 683.

qu'il soit, qui ne sente l'avilissement et la culpabi-
lité de celui qui volontairement se dépouille de son
libre arbitre, s'expose naturellement à mille périls
matériels et devient capable de toute sorte de délits,
comme si pour lui il n'existait plus de loi et qu'il fût
changé en brute (1).

D'où nous conclurons avec M. Arthur Desjardins,
dans les observations présentées par lui à l'Académie
des sciences morales et politiques, à la suite de la
lecture du *Mémoire* du docteur Ernest Naville, « que
les droits de l'humanité sont gravement atteints par
les détestables pratiques de l'hypnotisme.... On
s'était flatté de donner aux sens de l'homme une
puissance nouvelle et notamment de produire la
vision à travers les corps opaques; pures chimères
que l'observation scientifique a fait évanouir. Quelle
conquête a-t-on faite? Quel progrès a-t-on obtenu?
On s'était imaginé que la thérapeutique avait à sa
disposition une force inconnue; je cherche et ne
trouve pas cet auxiliaire de la thérapeutique. Quel est
le remède inventé? quelles maladies guérit-on? La
médecine a-t-elle fait un pas depuis que ces expériences se sont vulgarisées? Le comble du ridicule a
été de vouloir transformer l'hypnotisme en procédé
de pédagogie. On a pu se figurer un instant qu'on
changerait d'incorrigibles paresseux en enfants la-
borieux et sages. L'expérience a piteusement échoué.

» Mais, en supposant que les champions de l'hyp-

(1) P. FRANCO, *L'hypnotisme revenu à la mode*, p. 178.

notisme aient réussi dans leurs expériences, les droits
de l'humanité sont profondément lésés et je vais
m'expliquer sur ce point avec toute l'énergie possible.

» D'abord il est établi que la pratique de l'hypnotisme est fatale à la santé des hypnotisés. Ce merveilleux agent de la thérapeutique contemporaine
aboutit à la production de troubles nerveux et de
perturbations cérébrales chez le sujet hypnotisé. Oui,
la femme nerveuse devient hystérique : les facultés
mal équilibrées se dérangent tout à fait sous l'empire
de la suggestion; on parvient à produire la folie à la
suite de l'excitation cérébrale, et la mort même peut
s'ensuivre. Mais je laisse de côté ce premier ordre
de phénomènes.

» L'hypnotisé n'a pas le droit de se laisser hypnotiser. S'il le fait, il enfreint une loi morale élémentaire
en se plaçant à la disposition absolue de l'hypnotisant.... La liberté humaine est une vérité d'ordre
psychologique. Nous nous voyons, nous nous sentons
libres. C'est pourquoi la morale pure et la morale
appliquée ont proscrit l'esclavage. Quoi! nos lois, en
haine de l'esclavage, défendent à l'homme d'engager
à vie ses services ! Quoi ! cette forme de la servitude
est proclamée dangereuse, immorale et contraire à
l'ordre public! Cependant cet engagement n'enchaîne
que le corps, et l'engagé conserve la libre disposition
de sa personne morale. Que penser de la convention
qui asservit à la fois le corps et l'âme, et qui livre à
un maître impitoyable et tout-puissant l'individu
tout entier? L'homme n'a pas le droit de se réduire

à cette servitude, la plus dure et la plus honteuse de toutes les servitudes. Il n'a pas le droit d'abdiquer son humanité.

» Que dire de l'hypnotisant ? Je le suppose honnête, animé des intentions les plus irréprochables. En réduisant son semblable à l'état d'automate, en faisant de cette créature intelligente et libre un faussaire inconscient, un empoisonneur inconscient, un assassin inconscient, il commet un crime de lèse-humanité. Mais, ainsi que vous l'entendiez tout à l'heure, parmi les hypnotisants, s'il y en a d'honnêtes, il y en a d'autres qui ne le sont pas. Je viens d'écouter avec soin ce fragment d'un rapport écrit à Genève, où l'on vous a dépeint la suggestion des désirs impurs survivant au réveil de la femme, embrasée des sensations et des pensées qu'on lui a suggérées, s'abandonnant à tous les désordres. Non seulement si ces infamies sont possibles, la morale défend qu'on les accomplisse, mais elle défend qu'on les puisse accomplir.

» Ce qu'il y a de lamentable dans cette question, c'est la solution pratique qu'on en prétend tirer dans l'ordre des responsabilités pénales. Un certain nombre de malfaiteurs, après avoir commis une demi-douzaine de vols et de meurtres, commencent à soutenir très sérieusement qu'ils ont été hypnotisés et qu'ils doivent être en conséquence acquittés. Ce n'est pas à la suppression, c'est à l'aggravation des responsabilités pénales qu'il faut aboutir. Celui qui se laisse sciemment enivrer est, d'après la doctrine des criminalistes et la jurisprudence des tribunaux, responsable des délits qu'il commet en état d'ivresse. Celui qui se laisse sciemment hypnotiser doit subir la même loi. Mais, en outre, l'hypnotisant doit aussi répondre des méfaits qu'il a suggérés : il en est l'auteur intellectuel, il trompe, il séduit, il vole, il tue par l'organe d'un autre. Il a commis deux espèces de crimes : d'abord, en supprimant la raison et le libre arbitre d'un être raisonnable et libre; ensuite, en armant un être inconscient dans l'intérêt de sa propre passion.

» Les pratiques de l'hypnotisme, portant cette atteinte profonde aux droits de l'humanité, doivent être signalées à la réprobation de tous les honnêtes gens. En les flétrissant devant l'Académie, je suis assuré de ses suffrages (1). »

D'après le témoignage des hommes les plus compétents et les plus autorisés, en dehors de certains cas de névroses bien définies et d'hystérie bien confirmée, dans lesquels il peut être utilement employé, l'hypnotisme est dangereux, l'hypnotisme est immoral; en voilà assez, ce nous semble, pour en dégoûter ceux qui, par amusement ou par une vaine curiosité, seraient tentés de se livrer à de pareilles expériences.

(1) Séance de l'Académie des sciences morales et politiques. (Bulletin du 8 novembre 1886.)

IV.

L'HYPNOTISME AU POINT DE VUE CHRÉTIEN.

Après avoir montré combien l'hypnotisme peut être dangereux pour la santé et pour les mœurs, nous avions dessein d'en rester là. Mais on nous a représenté que notre étude était incomplète et que plusieurs personnes, qui suivaient ce travail avec intérêt, regrettaient que nous n'eussions pas envisagé l'hypnotisme sous le rapport religieux. Voilà pourquoi, cédant aux instances qui nous sont faites, nous considérons, dans ce dernier article, l'hypnotisme au point de vue chrétien.

Inutile de dire que l'Eglise, fidèle gardienne de la vérité et de la morale, ne peut tolérer, encore moins approuver, des expériences qui ont quelque chose de contraire au bien public et aux bonnes mœurs. Tout le monde est d'accord sur ce point.

Mais on demande si les phénomènes extraordinaires dont nous avons parlé, qui sont mentionnés dans une foule d'ouvrages et qu'il est impossible de révoquer en doute, peuvent s'expliquer naturellement, sans qu'il soit nécessaire de recourir à une intervention extranaturelle. Question extrêmement délicate, qui divise les meilleurs esprits et que nous n'avons pas la prétention de résoudre d'une manière absolue, puisque l'Eglise, à qui seule il appartient de la décider, ne s'est pas encore prononcée.

Ici nous avons à nous garder de deux excès opposés : d'une crédulité inepte, qui accepte tout sans critique et sans contrôle, et d'une incrédulité superbe, qui rejette dédaigneusement ce qu'elle ne peut expliquer ou ce qui contrarie ses idées préconçues.

§ 1er.

Esprits, révélation et libres penseurs.

A notre époque, on ne croit plus guère à l'intervention des anges ou des démons dans les choses de ce monde. « Au seul mot d'*esprit*, dit le P. Allet, le siècle sourit de pitié. Il a fait justice, lui, avec les lumières infaillibles de la science, de tous ces vains fantômes, de toutes ces ridicules superstitions du passé. » Si par hasard quelqu'un se risque à prononcer le nom du démon, il voit aussitôt apparaître sur tous les visages un sourire moqueur qui semble lui dire : Vous en êtes encore là !.... C'est ce qui nous est arrivé à nous-même, il n'y a pas longtemps. Parlant avec un homme très intelligent, très savant, mais libre penseur, des phénomènes hypnotiques et de l'embarras qu'éprouvaient les médecins et surtout les matérialistes, pour les expliquer, nous disions qu'à l'aide de la Révélation, les théologiens trouvaient dans une *intervention supranaturelle* une explication plus raisonnable et cent fois plus plausible, de ces

faits extraordinaires, que toutes les explications
données par les savants incrédules. Cet homme se
mit à sourire : « Cher Père, nous dit-il, ces superstitions ne sont plus de notre temps ; la science en a
fait justice et n'admet plus comme indubitables que
les vérités scientifiquement démontrées ; et comme
on ne peut démontrer scientifiquement l'intervention
d'êtres surnaturels, nous la rejetons, laissant au temps
à venir le soin de dissiper notre ignorance. La science !
la science !..., voilà qui est tout pour nous ! »

Nous n'avons pas besoin de dire que ce raisonnement est un sophisme. Est-ce que l'on peut démontrer scientifiquement pourquoi l'aimant attire le fer ;
pourquoi il a deux pôles opposés ; pourquoi il agit
sur le système nerveux ; pourquoi l'aiguille aimantée
se tourne vers le nord ; pourquoi il y a deux électri-
cités, l'une positive et l'autre négative, etc., etc. ? On
constate ces faits ; mais jusqu'ici personne n'a pu
les expliquer scientifiquement. Et cependant tout le
monde les croit.

Non, la religion n'est pas l'ennemie de la science ;
la théologie ne la dédaigne pas. Mais quand la science
humaine est à bout ; quand, à l'exemple de Jouffroy,
elle voudrait déchirer le voile qui dérobe à ses yeux
tout un monde de vérités et qu'elle en meurt à la
peine, alors la Révélation soulève un coin de ce
voile et lui fait entrevoir certains points lumineux
qui lui servent de repères assurés dans l'immensité.
Bien loin de rétrécir l'horizon de nos connaissances,
la Révélation l'agrandit, au contraire, en nous faisant

connaître une foule de vérités que la raison humaine, livrée à elle-même, ne pourrait jamais découvrir. La Révélation est pour notre esprit ce que le télescope est pour nos yeux. C'est donc à l'aide de notre raison, éclairée par les lumières de la Révélation, que nous allons étudier les phénomènes hypnotiques.

C'est assez dire qu'en ce moment nous n'entendons nous adresser qu'à de véritables chrétiens, qui se soumettent d'esprit et de cœur à l'enseignement de l'Eglise, et qui admettent comme indubitables les vérités contenues dans les saintes Ecritures. Car, comme le dit le P. Franco [1], s'il nous fallait démontrer l'intervention diabolique aux sceptiques, aux positivistes, aux matérialistes, aux athées, nous aurions un trop long circuit à parcourir. Il nous faudrait d'abord leur démontrer l'existence de Dieu, la création d'êtres visibles et invisibles, l'immortalité de l'âme, la révélation, la chute des anges, etc., etc., des volumes y suffiraient à peine, et nous ne sommes pas plus disposés à les écrire qu'ils ne seraient disposés à les lire. Nous nous bornons donc ici à parler à des chrétiens, à des croyants ; et pour procéder avec ordre, nous commencerons par exposer ce qu'il y a de certain.

§ 2.

Existence et action du démon. — La magie.

Il est de foi que Dieu a créé des légions innom-

---

[1] *L'hypnotisme revenu à la mode*, p. 202.

brables d'esprits célestes. Il est encore de foi qu'un certain nombre d'anges sont déchus, par leur orgueil, de l'état de grâce et de sainteté dans lequel ils avaient été créés et qu'ils ont été condamnés aux supplices de l'enfer. Mais en perdant la grâce, nous dit saint Thomas, ils n'ont pas changé de nature; ils en ont conservé toutes les qualités essentielles : l'intelligence, la force, la puissance, l'agilité. Le privilège des purs esprits, c'est d'embrasser instantanément chaque objet sous toutes ses faces et dans toute son étendue, et voilà pourquoi une fois qu'ils ont pris une détermination, ils ne peuvent plus changer. Lucifer a voulu s'égaler à Dieu; il persévérera à jamais dans sa rébellion et s'obstinera éternellement dans son péché. Sans cesse il voudra se faire passer pour Dieu, adorer comme Dieu, s'assujettir, s'il le pouvait, toutes les créatures. Il a si bien conscience de sa force que si Dieu le laissait faire, en un instant il bouleverserait l'univers entier.

Malgré le témoignage des saintes Ecritures, il n'est pas rare de rencontrer des gens qui se disent chrétiens et qui révoquent en doute l'action du démon. Ils ne remarquent pas que toute la religion repose sur cette croyance. En effet, si le démon n'a pas d'action sur l'homme, il n'a donc pas séduit nos premiers parents; s'il n'a pas séduit nos premiers parents, les hommes ne sont donc pas devenus ses esclaves; si les hommes ne sont pas devenus ses esclaves, Jésus-Christ n'est donc pas venu pour les délivrer d'un esclavage qui n'existait pas; Jésus-Christ était donc un imposteur, quand il prétendait chasser le démon du corps des possédés. L'Ancien et le Nouveau Testament, où il est si souvent parlé de l'action du démon, ne sont donc qu'un tissu de fables qui ne méritent aucune créance. C'est bien ce que prétendent tous les impies et les libres penseurs.

Et cependant un observateur quelque peu attentif n'aurait pas de peine à reconnaître aujourd'hui partout les ténébreux effets de l'action diabolique, et il ne craindrait pas d'affirmer que jamais Satan n'exerça un plus puissant et plus universel empire. Pour le prouver, il lui suffirait de faire remarquer qu'il se passe en ce moment, parmi nous, un fait inouï, un fait sans précédent dans l'histoire du monde. Dans tous les temps, il y a eu des impies, des hommes qui ont dit au fond de leur cœur : il n'y a pas de Dieu, afin de se débarrasser des craintes d'un jugement à venir ; mais ce qu'on n'avait jamais vu jusqu'à nous, c'est des hommes qui veulent le mal pour le mal ; non pour contenter leurs passions, mais parce que le mal en lui-même leur plaît ; des hommes qui, sans espérance de plaisir, de gain ou d'honneur, détestent la Religion, l'Eglise, l'ordre moral, la justice, l'honnêteté ; des hommes qui s'efforcent de détruire la croyance en Dieu dans tout un peuple, qui défendent de prononcer son nom dans les écoles, qui mutilent les ouvrages de nos grands écrivains pour en effacer ce nom abhorré, qui voudraient le faire à jamais oublier. Est-ce que ces hommes ne sont pas les séides, les suppôts de Satan ? Et ce sont ces hommes qui gouvernent la France! Voilà ce qui nous remplit d'effroi pour l'avenir de notre patrie.

Mais comment Satan a-t-il pu établir ainsi son empire sur une grande partie du genre humain? Ce n'est pas par la violence ; elle lui est interdite. C'est un lion redoutable, mais un lion enchaîné qui ne peut dévorer que ceux qui se mettent volontairement à sa portée. Aussi à quels artifices, à quelles ruses n'a-t-il pas recours pour attirer les hommes à lui? On peut suivre son action à travers les âges. Par quel moyen se communiqua-t-il à quelques hommes? Nous l'ignorons.

D'après saint Augustin et saint Thomas, c'est en vertu de conventions expresses ou tacites avec le démon que les magiciens opéraient des choses tout à fait extraordinaires. La convention était expresse, quand le démon proposait ou acceptait un engagement. Nous en trouvons une preuve dans l'Evangile, quand le démon, montrant à Notre-Seigneur tous les royaumes de ce monde et leur gloire, lui dit : Je vous donnerai toutes ces choses, si, vous prosternant devant moi, vous m'adorez (¹). Le pacte est tacite, quand on invoque implicitement le démon, que l'on fait certaines choses ou que l'on prononce certaines paroles auxquelles on attache une vertu secrète que ces choses n'ont pas naturellement. On trouve dans l'histoire ecclésiastique plusieurs exemples de pactes exprès avec le démon. Tout le monde connaît le pacte conclu par Théophile, économe de l'église

(1) *Matth.*, IV, 9.

d'Adana. Voici un autre exemple qui est moins connu.

Vers le milieu du xvıᵉ siècle, il n'était question, en Espagne, que de la vie, des austérités, des révélations, des extases, des miracles d'une religieuse clarisse de Cordoue, nommée Madeleine de la Croix.... Les princes, les rois, les évêques, la consultaient sur les affaires de leurs Etats ou de leurs diocèses. Elle leur révélait des secrets en apparence impénétrables, découvrait des événements qui s'accomplissaient loin d'elle et voyait, par exemple, François Iᵉʳ rendre son épée à Pavie, Rome pillée par les Impériaux. Des prodiges accompagnaient ses prédictions, prodiges qui frappaient d'étonnement, sans éclairer les âmes ni fortifier les cœurs. La foule séduite admirait toujours et sa vénération croissante exaltait de plus en plus Madeleine. Aux jours de grandes fêtes, elle tombait en extase et s'élevait souvent à deux ou trois pieds au-dessus du sol. Quand elle se rendait à la chapelle pour communier, avant d'approcher de la table sainte, elle montrait triomphante, sur ses lèvres, l'hostie que la main des anges, disait-elle, avait ravie au prêtre pour la lui porter. Telles étaient les merveilles qui retentissaient en Espagne et au delà. De longues années s'écoulèrent sans que Madeleine se démentît.

Cependant un saint religieux crut remarquer en elle un fonds d'amour-propre qui ne s'accordait guère avec sa sainteté apparente. Il la pressa de questions, et, touchée par ses exhortations, elle se jeta à ses pieds, et dépouillant le masque de son hypocrisie, elle avoua, à la consternation générale, que par des ruses sacrilèges et des conventions faites avec le démon, elle avait indignement trompé la confiance de tous ceux qui l'approchaient. Elle s'était prêtée volontairement aux séductions de l'esprit de mensonge. Enfant, elle avait accepté, avec discernement, les fausses visions, les joies sensibles qu'il lui procurait. Jeune fille, elle avait ensuite signé un pacte odieux et s'était livrée corps et âme à Satan pour obtenir de lui des révélations, le don des prodiges et la force d'accomplir des macérations effrayantes. « A la suite de cette confession qui fit frémir toute l'Espagne, dit un historien, elle fut conduite hors de la ville, et loin du cloître qu'elle avait déshonoré, elle acheva ses jours dans la pénitence (1). »

Comment les hommes furent-ils amenés à croire à la puissance des démons et à les honorer comme des dieux, « sinon, dit Bossuet, par certains effets extraordinaires et prodigieux qui ne pouvaient être attribués qu'à un agent supérieur. Les histoires grecque et romaine nous parlent, en divers endroits, de voix inopinément entendues et de plusieurs apparitions arrivées à des personnes très graves, et dans des circonstances qui les rendent très assurées. A quoi attribuer ces oracles inexplicables, ces mouvements terribles des idoles, ces prodiges dans les entrailles des animaux et tant d'autres accidents monstrueux qui se produisaient pendant les sacrifices, sinon à

---

(1) *Histoire de sainte Thérèse*, d'après les Bollandistes, 1885, p. 145.

une cause occulte, c'est-à-dire aux démons, qui se plaisaient à entretenir les hommes dans une religion sacrilège par des miracles pleins d'illusion? Platon et Pythagore, qui, du commun consentement de tout le monde, sont ceux qui, de tous les philosophes, ont eu les connaissances les plus relevées et qui ont recherché plus curieusement les choses surnaturelles, ont assuré, comme une vérité très constante, qu'il y avait des démons, des esprits d'un naturel obscur et malicieux; jusque-là qu'ils ordonnaient certains sacrifices pour les apaiser et pour nous les rendre favorables (1). »

Et pour nous en tenir à l'Ecriture sainte, nous voyons que dès les premiers âges du monde, des hommes trop curieux se sont adonnés, par toute la terre, à cette noire science de la magie, comme l'appelle Bossuet, c'est-à-dire au commerce avec le démon. Dès le temps de Moïse, Pharaon avait des magiciens à sa cour. Leur puissance était si reconnue que Balac, roi de Moab, envoie des ambassadeurs, avec de grands présents, à un fameux magicien, nommé Balaam, pour lui dire de sa part : « Voilà un peuple sorti de l'Egypte, qui s'est campé près de moi; venez donc pour maudire ce peuple, afin que je puisse le chasser de mes terres. Car je sais que celui que vous bénirez, sera béni, et que celui que vous maudirez, sera maudit (2). »

---

(1) Bossuet, Ier *sermon sur le démon*, Ire partie.
(2) Livre des *Nombres*, xxii, 7 et suiv.

Plus tard, Saül, à la veille de livrer bataille aux Philistins, consulte le Seigneur, et le Seigneur, irrité contre lui, ne lui répond pas; alors ce prince désespéré, malgré toutes les lois qu'il avait faites contre les magiciens et les devins, se rend chez la pythonisse d'Endor et lui ordonne d'évoquer l'âme de Samuel. On sait ce qui arriva.

Tout le monde connaît le défi porté par Tertullien aux juges de l'empire romain, dans sa célèbre *Apologie* : « Après leur avoir reproché, dit Bossuet, que tous leurs dieux, c'étaient des démons, il leur donne le moyen de s'en éclaircir par une expérience bien convaincante. Que l'on produise devant vos tribunaux, je ne veux pas que ce soit une chose cachée, devant vos tribunaux et à la face de tout le monde, que l'on produise un homme notoirement possédé du démon, et que ce soit une chose constante. Après, que l'on fasse venir quelque fidèle, qu'il commande à cet esprit de parler; s'il ne vous dit pas ouvertement ce qu'il est, s'il n'avoue pas publiquement que lui et ses compagnons sont les dieux que vous adorez, si, dis-je, il n'avoue pas ces choses, n'osant mentir à un chrétien, là même, sans différer, sans aucune nouvelle procédure, faites mourir ce chrétien impudent qui n'aura pu accomplir effectivement une promesse si extraordinaire [1]. » Les juges n'osèrent pas relever ce défi.

(1) Bossuet, *II* sermon sur le démon*, 1re partie.

§ 3.

Honneurs et culte rendus actuellement
au démon.

Nous n'en finirions pas si nous voulions citer tous les documents historiques qui prouvent qu'à toutes les époques et dans tous les pays, le démon a manifesté son action, tantôt à découvert, tantôt en la dissimulant sous des apparences scientifiques. Tous les moyens lui sont bons pour arriver à ses fins. Il y a quelques années, un célèbre prédicateur disait que, depuis un certain temps, le démon se cachait si bien que beaucoup en étaient venus à douter de son existence. C'est ce qu'il fait toujours, quand son intervention évidente serait par trop odieuse aux hommes qui ont encore quelques restes de foi. Mais aujourd'hui que la franc-maçonnerie lui a conquis une foule de sectateurs, d'un bout du monde à l'autre, son orgueil ne peut plus se contenir.

En voyant ce qui se passe, ne dirait-on pas qu'il a placé audacieusement son trône au-dessus de celui de Dieu, et qu'il se prépare à le chasser ignominieusement du monde pour régner à sa place? D'après le témoignage d'hommes très graves, il manifeste sa présence, d'une manière sensible, dans les réunions des chefs de la franc-maçonnerie, et reçoit dans ces conventicules leurs hommages et leurs adorations.

« De tous les êtres autrefois maudits que la tolé-

rance de notre siècle a relevés de leur anathème,
Satan est, sans contredit, celui qui a le plus gagné au
progrès des lumières et de l'universelle civilisation.
Le moyen âge, qui n'entendait rien à la tolérance, le
fit à plaisir méchant, laid, torturé.... Un siècle aussi
fécond que le nôtre en réhabilitations de toutes
sortes, ne pouvait manquer de raisons pour excuser
un révolutionnaire malheureux, que le besoin d'action jeta dans des entreprises hasardeuses.... Si
nous sommes devenus indulgents pour Satan, c'est
que Satan a dépouillé une partie de sa méchanceté,
et n'est plus ce génie funeste, objet de tant de haines
et de terreurs [1]. »

En France, n'avons-nous pas vu, en 1850, Proudhon
prendre contre Dieu parti pour le démon, qu'il appelait le *sublime révolté!* « A moi, Satan, s'écrie-t-il,
qui que tu sois, démon que la foi de mes pères
oppose à l'Eglise et à Dieu, je porterai ta parole et je
ne te demande rien [2]. » Et dans un autre de ses
ouvrages il l'appelle en ces termes : « Viens, Satan,
viens, toi le calomnié des prêtres et des rois, que je
t'embrasse et te serre sur ma poitrine! Il y a longtemps que je te connais et que tu me connais aussi.
Tes œuvres, ô le béni de mon cœur, ne sont pas
toujours belles ni bonnes, mais elles seules donnent
un sens à l'univers et l'empêchent d'être absurde....
Espère encore, ô proscrit ! Je n'ai à ton service qu'une

---

(1) *Journal des Débats,* 25 avril 1855.
(2) PROUDHON, *Idée générale de la révolution au* XIXᵉ *siècle,*
1851, p. 200.

plume, mais elle vaut des milliers de bulletins (1). »

N'avons-nous pas vu un épicurien du XIXᵉ siècle, Théophile Gautier, regretter en ces termes le culte des idoles : « O vieux monde ! tout ce que tu as révéré est donc méprisé !.... Tes idoles sont donc renversées dans la poussière !.... De maigres anachorètes, vêtus de lambeaux troués; des martyrs tout sanglants et les épaules lacérées par les tigres de tes cirques, se sont juchés sur les piédestaux de tes dieux si beaux et si charmants ! Le Christ a enveloppé le monde dans son linceul; il faut que la beauté rougisse et prenne un suaire (2) ! » En Italie, il s'est formé une société pour rendre un culte au très grand et très bon Jupiter : *Jovi Optimo Maximo*. « Enfin, dit le P. Franco, dans certaines réunions sectaires, on adore Satan avec des rites et des sacrifices détestables. Nous le savons de personnes qui y ont assisté, et cela n'est ignoré que de ceux qui veulent l'ignorer. » L'année dernière, les habitants de Turin n'étaient-ils pas publiquement invités à venir au théâtre *Gerbino* applaudir l'hymne à Satan, composé par Carducci (3) ? » Faut-il s'étonner après cela si le démon, trouvant dans une société tant d'adhérents et de glorificateurs, essaie d'en devenir complètement maître par le moyen de l'hypnotisme ?

En considérant attentivement différentes circonstances de ces expériences, peut-être ne sera-t-on pas

(1) PROUDHON, *La justice dans la révolution*, t. II, p. 367.

(2) P. DE BONNIOT, *Le miracle et ses contrefaçons*, p. 385.

(3) P. FRANCO, *L'hypnotisme revenu à la mode*, p. 311-312.

éloigné de soupçonner que tout n'est pas naturel dans un certain nombre de ces phénomènes.

§ 4.

Hypnotiseurs et hypnotisées. — Leur mépris pour la religion ; leur moralité.

Une chose qui frappe tout d'abord, c'est le mépris de toute croyance religieuse qu'affectent la plupart des hypnotiseurs. Dans un ouvrage publié tout récemment, intitulé : *Urbain Grandier et les possédées de Loudun*, le docteur Legué s'exprime ainsi : « L'Eglise, qui enseigne qu'elle a le pouvoir de chasser les démons, nous a donné dans ce procès l'affligeant spectacle de son impuissance.... Depuis longtemps des maîtres illustres se sont occupés de ces singulières affections névropathiques. Grâce à leurs travaux, à l'impulsion qu'ils ont donnée, Satan, l'être imaginaire, a disparu complètement pour faire place à la réalité, la maladie, qui est du domaine du médecin. »

Comme le dit M. de Mirville : « Tous les panthéistes affirment que le monde ayant atteint sa majorité se rit du diable, comme le jeune homme se rit de Croquemitaine (1). » — Vous entendez le docteur Leuret déclarer, dans ses *Fragments psychologiques,* que « tout homme qui s'avise de croire à un esprit

(1) DE MIRVILLE, *Des esprits,* introd., p. XII.

doit être immédiatement enfermé à Charenton. »
« Dans nos temps modernes, dit à son tour le docteur Lélut, sous peine d'être pris pour un fou halluciné, on ne saurait plus se prétendre en communication avec un esprit surnaturel, quel qu'il soit (1). »

Le docteur Parchappe n'est pas plus poli pour les
simples qu'il attaque : « Graduellement affaibli de
siècle en siècle, le surnaturalisme a été définitivement chassé du domaine de la science, dès la fin du
siècle dernier, et c'est à peine aujourd'hui s'il se
trouve encore sérieusement accrédité chez un petit
nombre d'individus appartenant aux classes les plus
infimes et les plus ignorantes de nos sociétés civilisées (2). »

« La doctrine hypnologique, dit le docteur Campili,
débarrassée de toute superfétation hyperphysique et
de tout concept mystique dont elle est enveloppée par
les superstitions fantastiques du vulgaire, peut maintenant dire qu'elle a atteint sa dernière phase, étant
vengée des pitoyables insanités de démonologie ou
des stériles conjectures des métaphysiciens, par l'analyse de la science positive (3). »

« Quant aux prétendus miracles, ajoute Morselli,
aujourd'hui la psycho-physiologie les explique parfai-

(1) Lélut, *Le démon de Socrate*, cité par M. de Mirville dans
son ouvrage *Des esprits*, t. I, Introd., p. xii et xiv.

(2) Parchappe, *Maillet des sorcières ;* de Mirville, *op. cit.*,
p. xiv.

(3) Campili, *Il grande ipnotismo*, p 41 ; P. Franco, *op. cit.*,
p. 227.

tement (1). » Les docteurs Bourneville, Régnard et
beaucoup d'autres, qui ne dissimulent pas leur anti-
pathie pour la religion, partagent les mêmes sentiments. Niant hautement toute révélation et toute
action d'une puissance et d'une nature supérieures,
ils prétendent expliquer, par la grande hystérie et le
magnétisme, les miracles de l'Evangile et tous les
phénomènes extraordinaires. Donato ne craint pas de
proférer ce blasphème : « Jésus fut le plus prodigieux
des magnétiseurs.... Jésus guérissait les infirmes en
les magnétisant (2). »

Quelle confiance méritent ces hommes dominés par
la passion, aveuglés par la haine, qui n'ont à présenter que des affirmations orgueilleuses dénuées de
preuves, des assertions gratuites ou des négations
sans fondement; qui remplacent les raisons par des
injures et les arguments par des railleries; et qui, en
dernière analyse, sont obligés d'avouer que, parmi les
faits qu'ils citent, il y en a un grand nombre qu'ils ne
savent comment expliquer?

Où le démon pourrait-il trouver des alliés plus capables de pervertir les cœurs et d'éteindre la foi dans
les âmes? Faut-il s'étonner, après cela, si, pour les
punir de leur audace et de leur impiété, Dieu les
abandonne à l'esprit de mensonge et d'erreur, dont
ils deviennent les instruments inconscients? C'est ce
qu'affirme le P. Ventura : « Tous ces hommes per-

---

(1) Enrico Morselli, *Il magnetismo animale*, p. 61.
(2) Donato, *Revue des sciences physio-psychologiques*, p. 7.

vers, dont la haine systématique, acharnée, impla-
cable, contre la vérité, contre la vertu, contre Dieu,
contre son Christ, est un mystère inexplicable,
obéissent, sans s'en douter, aux inspirations du génie
du mal, qui en fait les organes de ses désirs, les
satellites de sa domination, les ministres de ses volontés. Leur cœur, qu'ils le veuillent ou non, est toujours ouvert aux esprits mauvais; c'est *la possession
spirituelle* (1). »

Maintenant, si l'on demande quelles sont les personnes dont on peut obtenir les phénomènes les plus
extraordinaires : « Ce sont les jeunes filles, répondent
tous les magnétiseurs, elles sont plus sensibles, plus
impressionnables...., plusieurs sont grandes liseuses
de romans et ont un caractère qui ne manque pas de
sentimentalité. On les préfère à celles qui sont bru-
tales, franchement lascives et ordurières.... » « Ce sont,
dit un autre, pour la plupart des jeunes filles volages,
légères, qui n'ont pas trouvé en elles-mêmes assez
d'énergie pour résister aux attraits du plaisir et d'une
vie licencieuse (2). » — On peut voir, dans les *Etudes
cliniques* du docteur Paul Richer, que les sujets sur
lesquels le docteur Charcot fait ses expériences les plus
curieuses sont d'une moralité déplorable ; ce sont des
aventurières, des comédiennes de petits théâtres,
comme cette Esther, de l'hôpital de la *Pitié*, dont se
sert le docteur Luys pour donner des séances publiques.

(1) P. VENTURA, *La raison phil. et la raison cath.*, t. II,
Iᵉ part. P. DE BONNIOT, *Le miracle et ses contrefaçons*, p. 86.

(2) *Revue des sciences ecclés.*, p. 323.

M. l'abbé Méric, dans son *Étude sur l'hypnotisme*, affirme qu'il y a maintenant à Paris une nouvelle industrie. Des gens ramassent dans la rue des jeunes filles abandonnées, les magnétisent pendant un certain temps et leur font subir une espèce d'entraînement ; puis, quand elles sont suffisamment formées, ils les cèdent à prix d'argent à des cafés-concerts ou à des charlatans qui parcourent la province pour donner des séances de somnambulisme (1).

De nos jours, lorsque de vrais savants, comme les Claude Bernard, les Chevreul, les Pasteur, opèrent quelque grande découverte, ils ne craignent pas de se faire connaître. Les hypnotiseurs ambulants semblent rougir du rôle ignoble qu'ils jouent, et ils dissimulent leur nom de famille sous celui de Donato, de Festa, de Taber, de Manuela, de Mariquita, qui sont des noms d'emprunt.

Remarquons enfin que de toutes ces expériences on n'en cite pas une seule qui ait pour résultat d'inspirer la pratique de quelque vertu ; toutes portent à des mensonges, à des violences, à des actes criminels, à des affections désordonnées, à des passions honteuses. Les magnétiseurs conviennent eux-mêmes que l'hypnotisme éveille ou développe les plus mauvais instincts (2).

On avait bien prétendu dans les commencements que l'hypnotisme allait transformer le genre humain,

(1) M. l'abbé Méric, *Le merveilleux et la science*, p. 11.
(2) P. Franco, *L'hypnotisme revenu à la mode*, p. 303.

donner de la force aux faibles, de l'esprit aux sots, de l'activité aux paresseux, du courage aux lâches, de la prudence aux étourdis, de la douceur aux gens violents et de la mémoire à ceux qui en étaient complètement dépourvus. Vaines chimères ! tous les essais ont piteusement échoué, et l'état des malheureux hypnotisés est souvent devenu pire qu'auparavant.

§ 5.

L'hypnotisme considéré en lui-même. — Distinction à faire entre ses phénomènes.

Mais si les sentiments irréligieux de la plupart des hypnotiseurs, la triste moralité des sujets qu'ils emploient et le développement des mauvais instincts résultant de ces expériences ne sont pas faits pour donner une grande confiance, l'étude des phénomènes de l'hypnotisme, considérés en eux-mêmes, inspirera une bien autre méfiance.

Ce n'est pas que nous prétendions que tous ces phénomènes doivent être attribués à une cause extra-naturelle. Il y en a un grand nombre qui peuvent s'expliquer naturellement. Ainsi la méthode de Braid, pour provoquer le sommeil magnétique, n'a rien qui dépasse la science du savant et les forces de la nature. Beaucoup de personnes peuvent s'hypnotiser elles-mêmes, en fixant un objet brillant. C'est ce que faisait Walker, l'ami de Braid, qui s'endormait en moins d'une minute, en fixant simplement ses yeux et son esprit, tandis qu'il résistait à la fascination exercée sur lui par un magnétiseur de profession, en tenant ses yeux et son esprit en mouvement [1].

Une foule de nourrices endorment les enfants, en quelques instants, en suspendant au-dessus de leur berceau une boule brillante.

C'est ainsi qu'on magnétise les animaux. « Dès le XVIIe siècle, le P. Kircher, dans un ouvrage intitulé : *Ars magna lucis et umbræ*, citait, sous le nom d'*experimentum mirabile*, la pratique populaire qui consiste à prendre une poule, à la maintenir sur le ventre, le col étendu, et à tracer, avec de la craie, une longue ligne droite partant du bec et se prolongeant selon l'axe du corps. La poule, dit Kircher, tient ses yeux fixés sur cette ligne blanche, qu'elle prend pour un lien qui la retient, et demeure immobile, sans tenter aucun mouvement pour s'échapper.

« Au commencement du siècle, un Hongrois, nommé Balassa, faisait connaître une méthode qui permet de ferrer, sans difficulté, les chevaux les plus vicieux. En le fixant carrément dans les yeux, on amène le cheval à reculer, à relever la tête : son cou se raidit et souvent il demeure complètement immobile, au point de ne pas bouger, même si on tire un coup de fusil dans le voisinage. La friction douce, avec la main, en croix sur le front et les yeux, serait aussi un auxiliaire précieux pour calmer et assouplir le cheval le plus méchant. L'efficacité de ces ma-

---

(1) GRASSET, *Traité des maladies du système nerveux*, p. 1036.

nœuvres a été tant de fois constatée que l'application
de la méthode de Balassa est encore aujourd'hui tradi-
tionnelle dans l'armée austro-hongroise (1). »

Dans une lettre écrite au rédacteur du *Progrès
médical*, M. Netter démontre que c'était la méthode
du célèbre Rarey, qui, après être resté quelque temps
en tête à tête avec le cheval le plus rétif, reparais-
sait monté sur son dos et exécutait des tours de
manège qu'on ne peut obtenir ordinairement que de
chevaux parfaitement dressés. Après être resté enfermé trois heures avec l'étalon *Cruiser*, l'un des
animaux les plus vicieux qui aient jamais existé, il
le rendit tellement souple, qu'on put le monter immédiatement, alors que depuis trois ans, aucun
palefrenier n'avait osé en approcher même pour le
pansage (2).

C'est ainsi que plus d'une fois nous avons vu des
hommes hardis faire reculer les chiens les plus mé-
chants, en leur présentant une paille en croix et en
les regardant résolument dans les yeux. Le chien
s'arrête tout d'abord comme interdit, et bientôt il
prend la fuite, en hurlant, comme si on l'avait mal-
traité.

Nous reconnaissons, avec la plupart des auteurs, que
pendant le sommeil provoqué, on peut produire un
grand nombre de phénomènes très étonnants, mais
qui n'ont rien d'extra naturel.

---

(1) Charles TROTIN, *Etude morale sur l'hypnotisme.* (Revue des
sciences ecclés., année 1887, p. 322.)

(2) CULLERRE, *Magnétisme et hypnotisme*, p. 120.

Il y en a d'autres qui nous paraissent suspects et d'une origine douteuse, parce que, naturels dans leur substance et observés parfois dans quelques maladies, ils sont produits instantanément par l'action ou sur l'injonction du magnétiseur : tels que certaines contractures et certaines hallucinations ; la perte momentanée de la vue, de l'ouïe et des autres sens, ou leur surexcitation ; l'insensibilité d'une partie du corps ou la paralysie d'un membre ; la perte de la mémoire, de l'intelligence et de la volonté.

Enfin, il y en a qui sont tellement contraires à tout ce que nous connaissons des lois et des forces de la nature, qu'il est impossible de les expliquer, dit le docteur Trotin, sans une intervention supranaturelle. C'est ce que la plupart des magnétiseurs appellent des phénomènes transcendants ou d'ordre supérieur, tels que la vue ou l'action à distance, la vision à travers les corps opaques, la transposition des sens, la description d'une maladie interne et des remèdes à y appliquer, la divination ou prévision des choses à venir ; la production de stigmates ou d'autres effets sensibles, à heure fixe et assez longtemps après que le sujet a été tiré du sommeil magnétique.

« Nous n'hésitons pas, dit le docteur Dubois, d'Amiens, dans son rapport à l'Académie de médecine, lu dans les séances du 12 et du 17 août 1837, nous n'hésitons pas à répéter que ces faits sont et seront toujours au delà des limites imposées par la puissance créatrice à la nature humaine. Telle est notre dernière conclusion, conclusion banale, si l'on veut, et telle que les gens les plus simples la formulent chaque jour; car qui ne sait qu'il est impossible de voir à travers des corps opaques? qui ne sait qu'il est impossible de voir sans le secours des yeux? qu'il est impossible de voir ce qui se passe dans son propre corps et dans celui des autres? qu'il est impossible, enfin, de prévoir, à heure et minutes fixes, les événements à venir? »

Nous reconnaissons très volontiers, avec le docteur Dubois, que tout cela est impossible à l'homme dans son état normal; mais si, d'un autre côté, on nous démontre, d'une manière incontestable, que ces faits existent et qu'il est impossible de les révoquer en doute sans tomber dans le scepticisme le plus déraisonnable, il faudra bien avouer qu'ils proviennent d'une cause supranaturelle. Il nous semble que cette conséquence s'impose rigoureusement. Or, s'il y a des docteurs qui nient ces faits, par crainte peut-être d'être amenés à reconnaître l'existence d'un monde invisible, il y en a d'autres qui les admettent sans chercher à les expliquer. Dans son rapport lu à l'Académie de médecine au mois de juin 1831, le docteur Husson, après de nombreuses expériences, ne semble pas pouvoir les révoquer en doute. « On peut conclure avec certitude, dit-il, article 11 de ses conclusions, que l'état de somnambulisme existe, quand il donne lieu au développement de facultés nouvelles qui ont été désignées sous le nom de clairvoyance, d'intuition, de prévision intérieure, ou qu'il produit de grands changements dans l'état physiologique.... »

Des faits nombreux, rapportés par divers auteurs,
viennent à l'appui de cette opinion, et c'est à cet ordre
de faits que nous nous attacherons principalement.

§ 6.

Hallucination des sens.

Hallucination de la vue. — A l'état de veille et
dans les conditions normales, nous entrons en relation avec le monde extérieur par l'intermédiaire des
sens ; c'est par eux que nous constatons l'existence
des corps et leurs qualités diverses. « Mais dans
l'hypnose et sous l'influence de la suggestion faite
par le magnétiseur, dit M. l'abbé Méric, le rôle des
sens est profondément troublé, perverti ; l'hypnotisé
ne voit plus les objets réels, il ne voit plus que les
objets imaginaires évoqués par une parole du magnétiseur. » A cette occasion, le savant professeur de la
Sorbonne cite plusieurs expériences auxquelles il a
pris part.

« Rosa, dit l'hypnotiseur au sujet endormi, vous
ne verrez plus monsieur ; il est sorti, il n'est plus là. »
C'est moi qui suis désigné. Je suis seul dans le cabinet du docteur X., avec l'expérimentateur et l'hypnotisée. Rosa, éveillée, regarde l'expérimentateur et s'entretient avec lui. « Regardez monsieur, dit X. en me
désignant. — Qui, monsieur? — Le monsieur qui
était là tout à l'heure, qui vous a parlé. — Mais il
n'est plus là ; il est parti. — Vous ne le voyez donc

pas là, tout auprès de vous? — Mais non, il n'y a personne. »…. Je me place directement en face d'elle, dans l'axe de son regard ; elle ne me voit pas. Je crie dans ses oreilles, elle ne m'entend pas. Je fais passer brusquement un papier devant ses yeux, ils restent immobiles. Je m'approche, je lui tire les cheveux pour provoquer une sensation douloureuse et la convaincre de ma présence ; elle continue à ne pas me voir. Il est évident que je n'existe pas pour elle. »

Cette expérience d'aberration dans la perception des sens et d'hallucination négative se produit quelquefois avec des incidents d'un caractère singulier.

« Nous suggérons à une malade en somnambulisme, écrit M. Binet, qu'à son réveil elle ne verra plus l'un de nous, M. F. A son réveil, M. F. se place devant elle ; elle ne le regarde pas. Il lui tend la main ; elle ne fait aucun geste. Elle reste tranquillement assise dans le fauteuil où elle vient de se réveiller ; nous sommes assis sur une chaise, à côté, et nous attendons. Au bout de quelque temps, la malade s'étonne de ne plus voir M. F., qui était tout à l'heure dans le laboratoire ; elle demande ce qu'il est devenu. Nous répondons : « Il est sorti, vous pouvez retourner dans votre salle. »

» M. F. va se placer devant la porte. La malade se lève, nous dit bonjour et se dirige vers la porte. Au moment où elle va saisir le bouton, elle se heurte contre le corps invisible de M. F. Le choc inattendu la fait tressaillir ; elle essaie de nouveau d'avancer ; mais, rencontrant la même résistance invincible et

inexplicable, elle commence à avoir peur et refuse de
s'approcher de nouveau de la porte.

» Nous saisissons alors sur la table un chapeau, et
nous le montrons à la malade ; elle le voit parfaitement bien, et s'assure, avec ses mains comme avec
ses yeux, que c'est un corps réel, puis nous le plaçons
sur la tête de M. F. La malade voit le chapeau comme
suspendu en l'air ; aucun terme ne pourrait peindre
son étonnement. Mais sa surprise arrive à son comble
quand M. F. enlève le chapeau de sa tête et la salue
à plusieurs reprises ; elle voit le chapeau décrire en
l'air une courbe, sans que rien le soutienne. A ce
spectacle, elle déclare que c'est de la physique et
suppose que ce chapeau est suspendu par un fil.
Voilà qu'elle monte sur une chaise pour chercher à
toucher ce fil, mais elle ne parvient pas à le trouver.
Nous prenons encore un manteau et nous le passons
à M. F., qui l'endosse ; la malade, qui contemple
fixement ce manteau avec un regard émerveillé, le
voit s'agiter en l'air et prendre la forme d'un individu. C'est, dit-elle, comme un mannequin dans lequel
il y aurait du vide.

» Nous engageons alors la malade à se rasseoir
dans son fauteuil et nous nous plaçons à côté d'elle,
pour la soumettre à quelques expériences d'un caractère plus paisible ; nous allons voir comment elle s'y
prend pour expliquer quelques faits que l'invisibilité
de M. F. rend inexplicables. M. F. se place derrière
elle et pendant qu'elle cause tranquillement avec
nous, il lui touche tantôt le nez, tantôt les joues, le

front, le menton.... Chaque fois, la malade porte la main à son visage, naturellement, sans faire aucun geste d'effroi. Nous lui demandons pourquoi elle porte la main à son visage, elle répond qu'elle a des démangeaisons, des douleurs; c'est pour cela qu'elle se gratte.

» L'assurance et la tranquillité de son visage sont la chose du monde la plus curieuse. Nous la prions de donner un violent coup de poing dans le vide. Au moment où elle lève le bras, M. F. le lui arrête. « Qu'y a-t-il? demandons-nous. — C'est comme une crampe, » répond-elle. Ainsi on ne la prend jamais en défaut; elle explique tout, elle explique toujours, elle explique quand même; le besoin d'explication est poussé à outrance dans les expériences que l'on provoque par suggestion (1). »

« Toutes ces expériences concourent, ajoute M. l'abbé Méric, à établir ce fait essentiel, l'invisibilité d'une personne ou d'un objet sous l'influence de la suggestion. Mais comment expliquer que la malade puisse voir, par exemple, le bouton de la porte masqué par une personne invisible en vertu d'une suggestion?.... Est-elle le jouet d'une autosuggestion, comme quelques-uns l'affirment? Est-ce le magnétiseur qui, sans le savoir, suggère sa pensée à la malade? Est-ce la malade qui lit dans la pensée du magnétiseur? Voit-elle, en réalité, l'objet malgré l'obstacle qui le masque?.... Cette question commande une attention particulière. Malheureusement, les expérimentateurs

(1) Alfred BINET et Ch. FÉRÉ, Le magnétisme animal, p. 228.

de la Salpêtrière ont horreur du merveilleux, ils craignent de s'aventurer dans le champ de ces phénomènes qui touchent au monde invisible, et s'ils consentent volontiers à constater les phénomènes physiques, somatiques de l'hypnose, ils s'arrêtent et reculent, par un respect humain qui n'est pas toujours justifié, quand le philosophe leur adresse des questions du plus haut intérêt au point de vue de la philosophie et de la théologie (1). »

Vue à distance et à travers des corps opaques. — Dans une séance qu'il donnait à Strasbourg, Cagliostro annonça qu'on pouvait adresser à ses *colombes* ou *pupilles* les questions qu'on voudrait. Et en effet, il fut répondu sans hésitation à toutes les questions posées. Un juge qui était présent, et qui soupçonnait là dedans quelque supercherie, envoya secrètement son fils à sa maison, pour savoir ce que faisait en ce moment sa femme; puis, quand il fut parti, le père adressa cette question à Cagliostro, qui répondit aussitôt que la dame jouait aux cartes avec deux voisines. Quelques instants après, le fils du magistrat rentrait et confirmait l'exactitude de la réponse (2).

« J'arrive chez Mlle S., raconte le docteur Ochorowicz; elle me demande *ex abrupto :* Qu'avez-vous fait hier soir à onze heures ? — Racontez-moi d'abord ce que vous savez, repris-je à mon tour, et puis moi, je vous dirai si c'est exact. — Soit, vous avez écrit

(1) M. l'abbé MÉRIC, *Le merveilleux et la science*, p. 58-63.
(2) *Tableau mouvant de Paris*, t. II, p. 307. FIGUIER, t. IV, p. 16.

toute la soirée ; ce n'étaient pas des lettres, car j'ai vu de grandes feuilles ; vous n'avez lu aucun livre, mais vous écriviez tout le temps ; puis, à onze heures, vous vous êtes couché ; mais vous n'avez pas pu dormir et vous vous êtes levé encore une fois, et vous vous promeniez dans la chambre, en fumant une cigarette.... ; puis enfin, vers une heure, vous vous êtes endormi, et vous vous êtes réveillé juste à sept heures du matin. Est-ce vrai ?

» Tout cela était exact.... J'ajoute que Mlle S. n'avait aucune connaissance ni de ma demeure ni de mes habitudes, et que j'habitais à un kilomètre environ de distance. »

Voici comment le docteur Campili : *Il grande Ipnotismo*, d'après Hertzen et Huxley, explique ce phénomène. « Les rayons lumineux passent même à travers les corps opaques, et, quoique diminués par la rencontre de la masse compacte et non élastique, ils arrivent à l'œil hyperesthétique du sujet et y produisent une excitation qui, dans l'état normal de l'organisme, n'aurait pas été perçue et localisée. » Que faut-il penser de cette assertion si contraire à toutes les idées reçues ? Le docteur Ochorowicz nous paraît plus sincère quand il dit : « Il est difficile d'admettre ces assertions ou d'expliquer le phénomène comme l'effet d'un simple hasard. Qu'était-ce donc....? Je l'ignore, voilà tout ce que je peux dire [1]. »

Le docteur Battandier rapporte, dans une lettre

---

[1] Ochorowicz, *De la suggestion mentale*, p. 153.

adressée au *Cosmos*, au mois de juin 1886, qu'étant
à Rome, dans une réunion où assistaient de nombreux spectateurs, des médecins et des savants, il a vu
Mme Emma Zanardelli indiquer l'heure d'une montre
dont elle ne voyait que la boîte, et se faire un jeu de
décrire minutieusement les objets que les spectateurs
avaient dans leurs poches ou dans leurs portefeuilles [1].

Voici un autre fait, dit le docteur Trotin, pour
l'explication duquel aucune théorie connue, aucune
hypothèse même ne saurait être apportée. Il est
tiré d'un rapport présenté par le docteur Taguet à la
Société médico-psychologique [2], et inséré dans ses
Annales, année 1884. « Pendant que Noélie est en
crise convulsive, en catalepsie ou en léthargie, que
nous déterminons à volonté et successivement par la
pression, à des degrés divers, de la même zone ou de
zones différentes, nous imprimons sur son visage un
certain nombre de taches au crayon ou à l'encre, les
unes très nettes, les autres à peine perceptibles. Cela
fait, nous l'endormons. Après avoir placé devant ses
yeux un carton pour opérer la prise du regard, nous
la réveillons. Ses yeux ont à peine rencontré le plan
du carton qu'elle s'étonne d'avoir la figure sale et
efface une à une toutes les taches dont nous avons
maculé son visage, se servant du corps opaque comme
d'une véritable glace.... Nous tenons au-dessus ou bien
en arrière de sa tête, mais de telle sorte qu'ils se

---

(1) P. FRANCO, *L'hypnotisme revenu à la mode*, p. 66.
(2) *Annales médico-psychologiques*, t. I. 1884. CULLERRE, *Magnétisme et hypnotisme*, p. 173.

trouvent dans le champ du carton, divers objets, tels
qu'une bague, une montre, une pipe, de petits bons-
hommes en papier, un crayon, une pièce de monnaie,
etc.; elle ne tarde pas à les apercevoir, elle en décrit
la forme, la couleur.... Noélie ayant toujours le regard
attaché sur le carton, nous allons nous placer derrière
elle, notre tête dominant légèrement la sienne ; elle
nous salue aussitôt, nous fait une demande, nous rappelle une promesse ; si nous lui envoyons un baiser
avec la main, elle s'écrie que nous nous moquons
d'elle ; si nous insistons, elle s'emporte et crache sur le
miroir. Nous plaçons en arrière de son front deux
doigts que nous écartons légèrement ; elle devient
triste et fait plusieurs signes de croix ; elle s'écrie
qu'elle voit le diable avec ses cornes, et invite une
amie, qu'elle croit auprès d'elle, à unir ses prières aux
siennes. La vue d'un crucifix, d'un chapelet, la comble
de joie, elle cherche à s'en emparer en portant ses
mains en arrière. Vient-elle à les toucher, elle ne les
sent pas. Les pantins que l'on agite au-dessus de sa tête
l'amusent toujours au plus haut degré. Un objet quelconque, un scapulaire, si l'on veut, est appliqué directement sur le carton, à la condition toutefois de ne pas
intéresser complètement la partie faisant office de miroir, la malade ne s'en aperçoit pas et continue à désigner les objets qui viennent se réfléchir devant ses yeux.

» Nous enlevons le scapulaire et nous poursuivons
nos expériences ; après un moment, nous le substi-
tuons à l'objet que la malade était occupée à décrire ;
aussitôt elle s'écrie : Tiens, voilà mon scapulaire ;

quelle drôle de glace, j'y vois tour à tour le bon Dieu, le diable, des pantins, mon scapulaire !

» Nous lui présentons, un jour, sa jarretière qui s'était détachée pendant une crise convulsive ; elle la reconnaît aussitôt et se demande comment elle se trouve dans ce miroir.

» Quatre, cinq, dix personnes, qui lui sont complètement inconnues, passent successivement derrière son lit, elle dit un mot sur chacune d'elles ; celle-ci est jeune ; celle-là est vieille ; telle aura la barbe noire ; telle autre l'aura blanche ; l'une est gaie, l'autre est moqueuse ; elle découvre le moindre geste, le moindre mouvement des lèvres. Un de nos confrères prend un cigare et fait le simulacre de fumer : ne te gêne pas, dit la malade. Un autre fait un signe de croix, elle s'écrie : voilà un bon chrétien ! Le visage de personnes connues venant interrompre ce long défilé d'étrangers la comble de joie ; il semble qu'elle ait déjà oublié les impressions qui viennent de se produire. Nous plaçons au-dessus de sa tête un écriteau avec ces mots : « Je suis le diable ! » Aussitôt qu'elle l'a aperçu, elle fait un signe de croix, embrasse ses médailles ; tout indique chez elle la frayeur la plus vive, le découragement le plus complet. Nous remplaçons cet écriteau par le suivant : « Je suis le bon Dieu ! » Aussitôt sa figure s'éclaire et exprime la joie la plus grande [1]. »

Cette vision sur un carton, en guise de miroir, a

[1] *Revue des sciences ecclés.*, 1887, p. 341. *Annales médico-psychologiques*, t. I⁰ʳ, 1884. CULLERRE, *loc. cit.*

beaucoup de rapport avec le *Miroir magique* du baron Dupotet, dont nous parlerons plus loin.

Descriptions de maladies internes. — M. Clocquet, de Soissons, rend ainsi compte des expériences du marquis de Puységur, à Buzancy : « M. de Puységur choisit entre ses malades plusieurs sujets qu'il fait tomber en *crise*, c'est-à-dire en somnambulisme. Ces malades, qu'il appelle ses *médecins*, ont un pouvoir surnaturel par lequel, en touchant un malade qui leur est présenté ou en portant la main même par-dessus ses vêtements, ils sentent quel est l'organe affecté, la partie souffrante ; ils le déclarent et indiquent à peu près les remèdes convenables. Je me suis fait toucher par un de ces *médecins*, c'était une femme d'à peu près cinquante ans. Je n'avais certainement instruit personne de ma maladie. Après s'être arrêtée particulièrement à ma tête, elle me dit que j'en souffrais souvent et que j'avais habituellement un grand bourdonnement dans les oreilles, ce qui est très vrai. Un jeune homme, spectateur incrédule de cette expérience, s'y est soumis ensuite, et il lui a été dit qu'il souffrait de l'estomac, qu'il avait des engorgements dans le bas-ventre, et cela depuis une maladie qu'il a eue, il y a quelques années, ce qu'il nous a confessé être conforme à la vérité. Non content de cette divination, il a été sur-le-champ, à vingt pas de son premier médecin, se faire toucher par un autre, qui lui a dit la même chose [1]. »

(1) CLOCQUET, *Détails des cures opérées à Buzancy par le magnélisme animal.* 1784.

Entre autres expériences semblables, le docteur Bertrand rapporte celle-ci :

« J'étais auprès d'une somnambule que je magnétisais endormie sur son lit, quand je vis entrer un de mes amis, accompagné d'un pauvre homme, blessé depuis peu de temps en duel, et qui avait reçu une balle dans la tête. Je mis la somnambule en rapport avec le blessé et me bornai à lui demander de déclarer ce qu'il avait. Elle parut chercher un instant, puis elle dit, en s'adressant la parole à elle-même : « Non, non, ce n'est pas possible, si un homme avait une balle dans la tête, il serait mort. » Eh bien ! lui dis-je, que voyez-vous donc ? — Il faut *qu'il* se trompe, me dit-elle ; *il* me dit que monsieur a une balle dans la tête [1]. Je l'assurai que ce qu'elle disait était vrai et lui demandai si elle pouvait voir où la balle était entrée et quel trajet elle avait parcouru. La somnambule réfléchit encore un instant, puis ouvrit la bouche et indiqua avec le doigt que la balle était entrée par la bouche et avait pénétré jusqu'à la partie postérieure du cou, ce qui était encore vrai. Enfin, elle poussa

_____

[1] « *Il*, d'après la somnambule, ajoute le docteur Ochorowicz, qui rapporte aussi ce fait, c'était un être distinct, séparé d'elle et dont la voix se faisait entendre au creux de l'estomac, une sorte d'ange gardien. Il est probable que cette conception d'un être révélateur lui a été suggérée par un magnétiseur spirite. » (Ochorowicz, *op. cit.*, p 163.)

Le docteur oublie que beaucoup d'autres somnambules déclarent la même chose. Il serait étonnant que des personnes de sexe, d'âge, de pays différents, s'accordent sur ce point s'il n'y avait pas quelque chose de réel. L'explication du docteur Ochorowicz n'est donc pas satisfaisante.

l'exactitude jusqu'à indiquer quelques-unes des dents qui manquaient dans la bouche et que la balle avait brisées. La somnambule n'avait pas ouvert les yeux depuis l'instant où le blessé était entré dans la chambre (1). »

Au mois d'août 1825, le docteur Foissac adressa à l'Académie de médecine une lettre pour lui proposer une enquête scientifique sur ce point. « Prenez, disait-il, en ville, au bureau central ou dans les hospices, trois ou cinq des maladies les plus franches ou des plus caractérisées, elles formeront le sujet d'une première épreuve. Vous ferez choix, pour une seconde, des plus compliquées et des plus obscures. Les somnambules, j'en réponds, feront briller leur sagacité en raison des difficultés. Ces expériences seront renouvelées autant de fois qu'il conviendra, pour vous donner une entière conviction. Des commissaires nommés par vous en suivront les détails, vous en feront un rapport, auquel j'ajouterai le mien. Si vous n'êtes pas satisfaits de leurs opérations, vous en choisirez d'autres. Si j'avais à me plaindre d'eux, j'aurais aussi la faculté d'en désigner. La vérité ne saurait échapper à des recherches aussi rigoureuses. »

Comme nous l'avons déjà dit, après une longue et bruyante discussion, l'Académie se décida à nommer une commission qui expérimenta pendant cinq ans. Au bout de ce temps, le 28 juin 1831, le docteur Husson déposa un rapport dans lequel il constate la

(1) BERTRAND, *Traité du somnambulisme*, 1823, p. 222.

faculté qu'ont certains somnambules, non seulement
de préciser le genre de maladies dont ils sont affectés,
la durée et l'issue de ces maladies, mais encore le
genre, la *durée* et *l'issue des maladies des personnes
avec lesquelles on les met en rapport*. Il cite, à
l'appui de cette assertion, plusieurs observations très
importantes dans l'une desquelles un des membres de
la commission, le docteur Marc, figurait comme sujet.

*Suggestion mentale à distance : un suicide em-
péché.* — « Je donnais mes soins, raconte le docteur
Ochorowicz, à une dame âgée de vingt-sept ans, forte,
bien constituée, ayant l'apparence d'une santé parfaite, mais sujette à des attaques convulsives de la
grande hystérie et dont la maladie déjà ancienne avait
été aggravée par des accès de manie du suicide.... Un
jour, ou plutôt une nuit, son attaque étant terminée,
y compris la phase du délire, la malade s'endort
tranquillement. Subitement réveillée et nous voyant
toujours auprès d'elle, son amie et moi, elle nous
prie de nous en aller et de ne pas nous fatiguer pour
elle inutilement. Elle insiste tellement que pour éviter
une crise nerveuse, nous partons. Je descends lentement l'escalier (elle demeurait au troisième), et je
m'arrête plusieurs fois en prêtant l'oreille, troublé
par un mauvais pressentiment; elle s'était blessée
plusieurs fois quelques jours auparavant. Arrivé dans
la cour, je m'arrête encore une fois, réfléchissant si
je dois partir ou non. Tout à coup la fenêtre s'ouvre
avec fracas et j'aperçois le corps de a lmalade se
pencher au dehors dans un mouvement rapide. Je me

précipité vers le point où elle pouvait tomber, et machinalement, sans y attacher aucune importance, je concentre ma volonté dans le but de m'opposer à sa chute. C'était insensé et je ne faisais qu'imiter les joueurs de billard qui, prévoyant un carambolage, essaient d'arrêter la bille par des gestes et des paroles. Cependant la malade, déjà penchée, s'arrête et recule lentement par saccades. La même manœuvre recommence cinq fois de suite, et enfin la malade, comme fatiguée, reste immobile, le dos appuyé contre le cadre de la fenêtre, toujours ouverte. Elle ne pouvait pas me voir, j'étais dans l'ombre et il faisait nuit.

» En ce moment Mlle X., l'amie de la malade, accourt et la saisit par les bras. Je les entends se débattre et je monte vite l'escalier pour venir au secours. Je trouve la malade dans un accès de folie. Elle ne nous reconnaît pas; elle nous prend pour des brigands. Je ne réussis à la détacher de la fenêtre qu'en appliquant la pression ovarienne, qui la fait tomber à genoux. A plusieurs reprises, elle essaie de me mordre, et ce n'est qu'avec grand'peine que je réussis enfin à la remettre dans son lit. En continuant d'une main la pression ovarienne, je provoque la contracture des bras et je l'endors enfin.

» Une fois en somnambulisme, son premier mot fut : merci et pardon. Alors elle me raconta qu'elle voulait absolument se jeter par la fenêtre, mais que chaque fois, elle s'était sentie soulevée par en bas. « Comment cela ? — Je ne sais pas.... — Vous doutiez-vous de ma présence ? — Non. C'est précisément parce que je vous croyais parti que je voulais accomplir mon dessein. Cependant il m'a semblé par moments que vous étiez à côté ou derrière moi et que vous ne vouliez pas que je tombe. »

» Cette expérience, ou plutôt cet accident, ne suffirait pas évidemment pour prouver une action à distance. Mais il m'a donné à réfléchir [1]. »

Suggestion et action à distance. — « Au mois de novembre 1885, raconte encore le docteur Ochorowicz, M. Paul Janet, de l'Institut, lut à la Société de psychologie physiologique une communication de son neveu, M. Pierre Janet, professeur de philosophie au lycée du Havre, sur quelques phénomènes de somnambulisme. Il s'agissait d'une série d'essais faits par MM. Gibert et Janet, et qui paraissaient prouver non seulement la suggestion mentale en général, mais encore la suggestion mentale à une distance de quelques kilomètres et à l'insu du sujet.... Comme j'avais déjà opéré plusieurs expériences de suggestion mentale et que sur ce point je n'avais plus de doutes, c'est l'hypnotisme et la suggestion à distance que je voulais vérifier tout d'abord.

» Le sujet de ces expériences, Mme B., était une brave femme de la campagne, une Normande, âgée d'une cinquantaine d'années, bien portante, honnête, fort timide, intelligente, quoique sans aucune instruction. Elle est d'une forte et robuste constitution ; elle a été hystérique étant jeune, mais fut guérie par un

(1) Ochorowicz, *De la suggestion mentale*, p. 86.

magnétiseur inconnu. Elle a un mari et des enfants qui jouissent d'une bonne santé. Plusieurs médecins ont déjà, paraît-il, voulu faire sur elle quelques expériences, mais elle a toujours refusé leurs propositions. Ce n'est que sur la demande de M. Gibert qu'elle a consenti à venir passer quelque temps au Havre. On l'endort très facilement ; il suffit pour cela de lui tenir la main, en la serrant légèrement, pendant quelques instants, *avec l'intention de l'endormir*. Autrement, rien ne se produit....

» J'arrive au Havre et je trouve MM. Gibert et Janet tellement convaincus de l'action à distance qu'ils se prêtent volontiers aux minutieuses précautions que je leur impose, pour me permettre de vérifier le phénomène. MM. F. Myers, le docteur Myers, membres de la *Society for psychical Researches*, M. Marillier, de la *Société de psychologie physiologique*, et moi, nous formons une sorte de commission, et les détails de toutes les expériences sont réglés par nous d'un commun accord. »

Il serait trop long de rapporter ici les différentes expériences tentées par ces messieurs ; nous nous contenterons d'en citer une seule.

« Il s'agissait d'endormir le sujet de loin et de le faire venir à travers la ville.

» Il était huit heures et demie du soir. M. Gibert consent. On tire l'heure exacte au sort. L'action mentale devait commencer à neuf heures moins cinq et durer jusqu'à neuf heures dix. En ce moment il n'y avait personne au pavillon, sauf Mᵐᵉ B. et la cuisinière, qui ne s'attendaient à aucune tentative de notre part. Personne n'est allé au pavillon. Profitant de cette absence, les deux femmes sont entrées dans le salon et s'amusent à jouer du piano.

» Nous arrivons dans les environs du pavillon à neuf heures passées. Silence.

» A neuf heures vingt-cinq, je vois une ombre apparaître à la porte du jardin. C'était elle. Je m'enfonce dans un coin pour entendre sans être remarqué. Mais je n'entends plus rien ; la somnambule, après être restée une minute à la porte, s'était retirée dans le jardin. (A ce moment M. Gibert n'agissait plus sur elle ; à force de concentrer sa pensée, il a eu une sorte de syncope ou d'assoupissement qui a duré jusqu'à neuf heures trente.) A neuf heures trente, la somnambule reparut de nouveau sur le seuil de la porte, et cette fois-ci, elle se précipite sans hésiter dans la rue, avec l'empressement d'une personne qui est en retard et qui doit absolument atteindre son but. Ces messieurs, qui se trouvaient sur sa route, n'ont pas le temps de nous prévenir, M. le docteur Myers et moi ; mais ayant entendu des pas précipités, nous nous mîmes à suivre la somnambule, qui ne voyait rien autour d'elle ou au moins ne nous a pas reconnus.

» Arrivée rue du Bard, elle commença à chanceler, s'arrêta un moment et faillit tomber. Tout à coup elle reprend vivement sa marche. Il était neuf heures trente-cinq. La somnambule, marchait vite, sans s'inquiéter de l'entourage.

» En dix minutes, nous étions tout près de la maison de M. Gibert, lorsque celui-ci, croyant l'expérience manquée et étonné de ne pas nous voir de retour, sort à notre rencontre et se croise avec la somnambule, qui garde toujours les yeux fermés. Elle ne le reconnaît pas. Absorbée dans sa monomanie hypnotique, elle se précipite dans l'escalier, suivie par nous tous.... très agitée, elle cherche partout M. Gibert, et quand enfin elle l'a trouvé, elle manifeste une joie folle....

» J'allais oublier de dire qu'après cette séance chez M. Gibert, elle a été reconduite chez elle en voiture, et qu'après avoir été réveillée une fois rentrée chez elle, elle n'a conservé aucun souvenir de sa pérégrination nocturne (1). »

« Un jour, à Rennes, raconte Lafontaine, M. Dufihol, recteur de l'Académie, et M. Rabasson, inspecteur, vinrent, avec plusieurs autres médecins, à l'hôtel où j'étais logé. Après avoir causé beaucoup, M. Dufihol me pria de l'accompagner chez lui, me prévenant qu'une dame désirait causer avec moi. Je pris mon chapeau et je sortis avec M. Dufihol. Lorsque nous eûmes traversé la cour, nous entrâmes dans l'une des salles de l'hôtel et M. Dufihol entama une conversation dont je ne voyais pas le but. Après un quart d'heure, il me dit :
« Vous avez prétendu pouvoir endormir votre sujet à distance sans qu'il soit prévenu : voulez-vous main-

---

(1) Ochorowicz, *De la suggestion mentale*, p. 118 et suiv.

tenant essayer cette expérience? » J'acceptai. «Combien vous faut-il de temps? — Quatre à cinq minutes. — Commencez. » Trois minutes après je dis à M. Dufihol que le sujet devait être endormi. Il me pria de rester dans la salle, traversa la cour, monta l'escalier, et comme il arrivait près de la porte, il entendit ces messieurs dire au sujet : « Eh bien! vous dormez? Réveillez-vous! Il dort! » M. Dufihol entra précipitamment et trouva le sujet endormi; alors il m'appela et dit : « En présence de faits comme ceux-ci, il faut croire, Messieurs; c'est moi qui ai prié M. Lafontaine d'endormir le sujet de la grande salle de l'hôtel (¹). »

« On rencontre parfois, dit Dupotet, des sujets d'une telle mobilité que vous pouvez agir sur eux à travers des cloisons, des murailles, au moment où il est impossible de leur supposer la connaissance de votre intention; ils sentent votre approche, s'aperçoivent de votre éloignement, s'endorment pour se réveiller et se rendormir ensuite à votre volonté.…

» Le 4 novembre 1820, nous étions tous rendus dans la salle ordinaire de nos séances, la malade exceptée. M. Husson, médecin de cet hospice, me dit : « Vous endormez la malade sans la toucher et cela très promptement. Je voudrais que vous essayiez d'obtenir le sommeil sans qu'elle vous vît et sans qu'elle fût prévenue de votre arrivée ici. » Je répondis que je voulais bien essayer, mais que je ne garan-

(1) LAFONTAINE, *Mémoires d'un magnétiseur.*

tissais pas le succès de cette expérience, parce que
l'action à distance, à travers des corps intermédiaires,
dépendait de la susceptibilité particulière de l'individu. Nous convînmes d'un signal que je pourrais
entendre. On m'offrit d'entrer dans un cabinet séparé
de la pièce par une forte cloison et dont la porte fer-
mait solidement à clef. Je ne balançai pas à m'y en-
fermer, ne voulant éluder aucune difficulté et ne
laisser aucun doute aux hommes de bonne foi, ni aucun prétexte à la malveillance. On fit venir la malade,
on la plaça le dos tourné à l'endroit qui me recélait,
et à trois ou quatre pieds environ. On s'étonna avec
elle de ce que je n'étais pas encore venu. On conclut
de ce retard que je ne viendrais peut-être pas ; que
c'était mal à moi de me faire ainsi attendre ; enfin, on
donna toutes les apparences de la vérité. Au signal
convenu, quoique je ne susse pas où et à quelle distance était placée Mlle Samson, je commençai à magnétiser, en observant le plus profond silence et évi-
tant de faire le moindre mouvement qui pût l'avertir
de ma présence. Trois minutes après, elle était endormie ; dès le commencement de la direction de ma
volonté agissante, on vit la malade se frotter les yeux,
éprouver les symptômes du sommeil et finir par tomber dans son somnambulisme ordinaire.

» Le 7 novembre, je répétai cette expérience. Lors de
mon arrivée, M. Husson vint me prévenir que M. Récamier désirerait être présent et me voir endormir la
malade à travers la cloison. Je m'empressai de con-
sentir à ce qu'un témoin aussi recommandable fût

admis sur-le-champ. M. Récamier entra et m'entretint
en particulier de sa conviction touchant les phénomènes
magnétiques. Nous convînmes d'un signal ; je passai
dans le cabinet, où l'on m'enferma. On fait venir la
malade ; M. Récamier la place à plus de six pieds de
distance du cabinet, ce que je ne savais pas, et y tour-
nant le dos. Il cause avec elle et la trouve mieux ; on
dit que je ne viendrais pas, alors elle veut absolument
se retirer. Au signal convenu, je commence à la magnétiser ; trois minutes après, M. Récamier la touche,
lui lève les paupières, la secoue par les mains, la ques-
tionne, et nous acquérons la preuve qu'elle est complètement endormie (1). »

« Ce n'était pas assez de ces deux faits, ajoute le
docteur Ochorowicz, pour admettre un phénomène
aussi étrange. Aussi quand Dupotet demande à M. Ré-
canier : Eh bien ! êtes-vous maintenant convaincu ?
— Convaincu, non, répond-il, mais ébranlé (2). »

Le docteur Dusart fut appelé à donner ses soins à
une jeune fille de quatorze ans pour des troubles
hystériques graves. « Je lui donnais chaque jour,
écrit-il, avant de partir, l'ordre de dormir jusqu'au
lendemain à une heure déterminée. Un jour, je pars,
oubliant cette précaution ; j'étais à sept cents mètres
quand je m'en aperçus. Ne pouvant retourner sur mes
pas, je me dis que peut-être mon ordre serait entendu,
malgré la distance, puisqu'à un ou deux mètres un

(1) Dupotet, *Traité complet du magnétisme animal*, p. 182.
(2) Ochorowicz, *De la suggestion mentale*, p. 410 et suiv.

ordre mental était exécuté. En conséquence, je formule l'ordre de *dormir jusqu'au lendemain huit heures*, et je poursuis mon chemin. Le lendemain, j'arrive à sept heures et demie; la malade dormait. « Comment se fait-il que vous dormiez encore? — Mais, Monsieur, je vous obéis. — Vous vous trompez, je suis parti sans vous donner aucun ordre. — C'est vrai, mais cinq minutes après, je vous ai *parfaitement entendu* me dire de dormir jusqu'à huit heures. Or, il n'est pas encore huit heures. » Cette dernière heure était celle que j'indiquais ordinairement. Il était possible que l'habitude fût la cause d'une illusion et qu'il n'y eût qu'une simple coïncidence. Pour en avoir le cœur net et ne laisser prise à aucun doute, je commandai à la malade de dormir jusqu'à ce qu'elle reçût l'ordre de s'éveiller. Dans la journée, ayant trouvé un intervalle libre, je résolus de compléter l'expérience. Je pars de chez moi (sept kilomètres de distance); en donnant l'ordre du réveil, je constate qu'il est deux heures. J'arrive et je trouve la malade éveillée. Les parents, sur ma recommandation, avaient noté l'heure exacte du réveil. C'était rigoureusement celle à laquelle j'avais donné l'ordre. Cette expérience plusieurs fois renouvelée, à des heures différentes, eut toujours le même résultat.

» Le premier janvier, je suspendis mes visites et cessai toute relation avec la famille. Je n'en avais plus entendu parler, lorsque le 12, faisant des courses dans une direction opposée et me trouvant à *dix kilo-*

mètres de la malade, je me demandai si, malgré la distance, la cessation de tous rapports et l'intervention d'une tierce personne (le père magnétisant désormais sa fille), il me serait encore possible de me faire obéir. *Je défends à la malade de se laisser endormir*, puis une demi-heure après, réfléchissant que si, par extraordinaire, j'étais obéi, cela pourrait causer préjudice à cette malheureuse jeune fille, je lève la défense et cesse d'y penser. Je fus fort surpris lorsque le lendemain, à six heures du matin, je vis arriver chez moi un exprès portant une lettre du père de la jeune fille. Celui-ci me disait que la veille, à dix heures du matin, il n'était arrivé à endormir sa fille qu'après une lutte prolongée et très douloureuse. La malade, une fois endormie, avait déclaré que si elle avait résisté, c'était sur mon ordre, et qu'elle ne s'était endormie que quand je l'avais permis (1).... »

Saignements, ampoules, vésicatoires par suggestion. — Au congrès tenu par l'Association française pour l'avancement des sciences, à Grenoble, au mois d'août 1885, MM. Bourru et Burot, professeurs à l'École de médecine navale de Rochefort, exposèrent les faits suivants : « Ayant mis un homme, paralysé du côté droit, en somnambulisme, l'un d'eux lui donna la suggestion suivante : « Ce soir, à quatre heures, après t'être endormi, tu te rendras dans mon cabinet, tu t'assoiras dans le fauteuil, tu te

---

(1) Ochorowicz, *De la suggestion mentale*, p. 418.

croiseras les bras et tu saigneras du nez. » A l'heure dite, les divers actes suggérés furent exécutés, et quelques gouttes de sang sortirent des narines du patient.

» Un autre jour, l'un de ces expérimentateurs l'ayant endormi, traça son nom, avec un stylet mousse, sur ses deux avant-bras, en lui disant : « Ce soir, à quatre heures, tu t'endormiras et tu saigneras au bras sur les lignes que je viens de tracer. » L'heure arrivée, le sujet s'endormit ; les caractères tracés sur la peau se dessinèrent en relief rouge vif et des gouttelettes de sang se montrèrent en plusieurs points du côté non paralysé.

» Ce malade ayant été transféré à l'asile des aliénés de la Rochelle, le docteur Mabille, médecin-directeur de cet établissement, renouvela cette expérience et obtint le même succès, devant un nombreux public médical. Le sujet étant somnambulisé, notre distingué collègue trace une lettre sur le poignet de cet homme, et lui ordonne de saigner immédiatement à ce point. « Cela me fait grand mal, » objecte le patient : « N'importe, il faut saigner quand même, » commande l'opérateur. Les muscles de l'avant-bras se contractent, la lettre se dessine rouge et saillante; enfin des gouttes de sang apparaissent et sont constatées par tous les spectateurs.

» Ce n'est pas, nous l'avouons, ajoute Cullerre, sans quelque hésitation et sans faire de sérieuses réserves, que nous avons résumé pour nos lecteurs la communication de MM. Bourru et Burot, tant tous les faits qui y sont relatés sont étranges et échappent à toute interprétation scientifique (1). »

Cependant le fait paraît incontestable ; car à la même époque, le docteur G. Soppilli publiait, dans une revue, une expérience semblable. On avait suggéré au nommé V., pendant le sommeil hypnotique, qu'à son réveil son bras présenterait, sur un point désigné, un V qui donnerait du sang. C'est ce qui arriva en effet (2).

Enfin on nous a affirmé que des médecins de l'Académie royale de Bruxelles avaient répété, à plusieurs reprises et avec succès, la même expérience.

Voici d'autres faits qui ne sont pas moins étonnants. Il s'agit de vésications et d'ampoules, produites ou empêchées, sur la peau d'un sujet hypnotisé, par une simple suggestion.

« Un jour, une jeune fille, nommée Elisa F., que M. Focachon, pharmacien à Charmes, avait déjà plusieurs fois hypnotisée, se plaignit d'une douleur qu'elle éprouvait au-dessus de l'aine gauche. M. Focachon lui suggéra, après l'avoir endormie, qu'il se formerait une ampoule de vésicatoire au point douloureux. Le lendemain, quoiqu'il n'eût rien appliqué, il y avait au point désigné une bulle de sérosité.

» Le 2 décembre 1884, M. Focachon amena Elisa chez le docteur Liébeault. M. le docteur Bernheim indiqua lui-même, comme devant devenir le siège

---

(1) CULLERRE, *Magnétisme et hypnotisme*, p. 219-221.

(2) *Rivista sperimentale di freniatria et di medicina legale di Reggio (Emilia)*, 1885, p. 345. — FRANCO, *op. cit.*, p. 143.

d'une vésication, une partie du corps qui, située entre les deux épaules, ne pouvait être atteinte avec les mains par le sujet mis en expérience.

» MM. Focachon et Liébeault surveillèrent la dormeuse jusqu'à cinq heures et demie du soir, sans la quitter des yeux. Pendant la journée, on lui fit des suggestions répétées. A cinq heures et demie, on procéda à la vérification des effets attendus, en présence de MM. Bernheim, Liégeois et Dumont, chef des travaux physiques à la Faculté de médecine. On constata une rougeur circonscrite dans les limites tracées à l'avance et, en quelques endroits, des points de couleur plus foncée, présentant une certaine saillie. Le sujet se plaignait d'une sensation de brûlure et de démangeaison, qui le portait à se frotter le dos contre les meubles, si on ne l'en avait pas empêché.... Le lendemain, le docteur Chevreuse constatait l'existence d'une ampoule entre les épaules; la pression était douloureuse en cet endroit, et la partie de la chemise en contact avec la région était maculée d'un liquide purulent.... Le soir, la vésication était encore plus accentuée et la plaie continuait à suppurer [1].

» Le 12 mai 1885, on réitère l'expérience. On endort Elisa, vers onze heures du matin; on lui applique derrière l'épaule gauche huit timbres-poste gommés, en lui suggérant qu'on lui applique un vésicatoire. Les timbres-poste sont maintenus par quelques bandes

[1] *Revue des sciences eccl.*, 1887, 2ᵉ p., p. 337.

de diachylon et par une compresse. Puis le sujet est laissé dans cet état toute la journée, après avoir été réveillé deux fois pour le repas du midi et celui du soir ; mais on le surveille et on ne le perd pas de vue.... Le lendemain, à huit heures, M. Focachon enlève le pansement en présence de MM. Liégeois, Bernheim, Beaunis, etc. On constate d'abord que les timbres-poste n'ont pas été dérangés. Ceux-ci enlevés, le lieu de leur application présente l'aspect et les caractères de la période qui précède immédiatement la vésication proprement dite, avec production de liquide. Cette région de la peau est entourée d'une zone de rougeur intense, avec gonflement. Cette zone a environ un demi-centimètre de largeur. La suppuration ne s'établit que plus tard (1). »

Après avoir obtenu de la vésication sans substance vésicante, M. Focachon fut naturellement curieux de voir si l'effet inverse lui réussirait également, c'est-à-dire si, par suggestion toujours, il n'empêcherait pas une substance vésicante de produire de la vésication. C'est de cette expérience qu'il s'agit maintenant.

« Le 9 juillet 1886, en présence de plusieurs témoins qui ont suivi l'expérience du commencement à la fin et qui s'en portent garants, il est fait trois parts d'un morceau de toile à vésicatoire d'Albespeyres. Deux seront respectivement appliquées aux bras de Mlle Elisa, pour l'une y subir, le cas échéant, l'in-

(1) M. l'abbé Méric, *Le merveilleux et la science*, p. 103.

fluence de la suggestion destinée à en faire une matière inerte; l'autre qui ne fera l'objet d'aucune suggestion, pour produire ses effets ordinaires. Le troisième fragment sera posé à un malade qui se trouvera en avoir besoin.

» Par ces dispositions on voit que tous les termes de comparaison et moyens de contrôle, quant à la qualité de l'agent épispastique, à l'aptitude naturelle et actuelle du sujet à en ressentir l'effet et quant au rôle enfin de la suggestion, pour modifier et cette qualité et cette disposition, seront réunis. Ainsi fut fait.

» Mlle Elisa étant endormie, un premier carré de toile vésicante, de cinq centimètres de côté, est placé sur la face palmaire de son avant-bras gauche, et un second carré, de deux centimètres seulement de côté, est mis à l'endroit correspondant de l'avant-bras droit. En même temps, à l'hospice civil, la dernière partie de toile était appliquée par M. le docteur Brulard, sur la partie antérieure et supérieure de la poitrine d'un phtisique. Revenons à Mlle Elisa.

» A peine les emplâtres lui sont-ils posés, qu'avec énergie, M. Focachon fait au sujet déjà en somnambulisme cette déclaration : que le vésicatoire appliqué sur son avant-bras gauche n'y produira aucun effet.

» Du commencement de l'expérience, dix heures vingt-cinq minutes du matin, jusqu'à huit heures du soir, Mlle Elisa ne resta pas seule un instant.

» A huit heures du soir, revenus et réunis auprès

d'elle, les témoins, après s'être assurés, par l'état du pansement, qu'il n'avait pas été dérangé, l'enlevèrent et constatèrent alors ceci :

» *Avant-bras gauche* (c'est celui où a été placé le plus grand vésicatoire dont la suggestion devait anéantir l'effet), la peau est intacte. Le révulsif a complètement échoué. La suggestion a pleinement réussi.

» *Avant-bras droit* (c'est celui où avait été placé le plus petit vésicatoire, lequel n'avait été l'objet d'aucune suggestion), le révulsif avait déterminé un piqueté bien marqué de l'épiderme et la patiente accusait une sensation douloureuse. Si imminente paraissait la vésication que les témoins résolurent de prolonger l'expérience et prièrent M. Focachon de remettre les deux vésicatoires en place. Quarante-cinq minutes après, il y avait à droite deux ampoules bien marquées et dont l'une, ayant été percée, laissa écouler de la sérosité. Le lendemain matin, le petit vésicatoire produisit un écoulement abondant, accompagné d'une forte inflammation. Quant au vésicatoire posé par M. le docteur Brulard au malade de l'hôpital civil, il produisit, en huit heures, une ampoule magnifique.

» Il résulte donc, disent les signataires du procès-verbal rédigé en cette occasion, que par suggestion, dans l'état somnambulique, on peut neutraliser les effets d'un vésicatoire cantharidien [1]. »

---

[1] Paul GIBIER, *Le Spiritisme*. Introduction, p. xiv.

Si nous classons ces faits parmi ceux que nous appelons *extranaturels*, nous ne devons pas dissimuler que plus fort ou plus hardi que les docteurs Charcot, Bernheim, Cullerre, Ochorowicz, etc., qui les constatent, sans pouvoir les expliquer, le P. de Bonniot prétend qu'il n'est pas impossible de se faire une idée de ces bizarres phénomènes d'exsudation et de vésication. « Les nerfs d'une même région, dit-il, ont des rôles divers; les uns se rapportent à la vie organique, les autres à la vie animale; ceux-ci sont accompagnés de sensations conscientes, quand ils agissent; l'exercice de ceux-là reste sourd et inconscient. Mais il existe entre eux une telle harmonie, une telle sympathie, que le jeu des uns provoque le jeu des autres, et réciproquement.... On sait que les effets du vésicatoire ont pour cause immédiate les nerfs vaso-moteurs qui président aux capillaires de la région où le vésicatoire est appliqué, que cette opération est accompagnée d'un picotement *sui generis* dont les nerfs sensibles de la même région sont le siège ou le véhicule. On conçoit après cela qu'un picotement semblable, vivement reproduit par le souvenir d'un hypnotique, mette en jeu les vaso-moteurs, comme ils l'ont été avec une sensation semblable. L'effet du vésicatoire s'ensuivra naturellement [1]. »

Les explications du P. de Bonniot ne nous paraissent pas assez claires et assez convaincantes pour les admettre sans réserve; elles auraient besoin

---

[1] DE BONNIOT, *Le miracle et ses contrefaçons*, p. 273.

d'être confirmées par plusieurs expériences, et, jusqu'à plus ample informé, notre raison se refusera à croire qu'il suffit d'un mot d'un magnétiseur pour produire *naturellement* une ampoule dans le dos d'un hypnotisé, ou faire jaillir du sang de son bras.

D'habiles médecins, que nous avons consultés sur ce point, nous ont répondu que jamais ils n'avaient entendu parler d'aucun fait de ce genre, et que si, dans certaines maladies, on avait remarqué un suintement sanguinolent, il se faisait par tout le corps; mais qu'il leur paraissait impossible que dans l'état normal, on pût faire jaillir le sang sur un point circonscrit et déterminé à l'avance.

Ce qui nous donne lieu de penser que tout n'est pas naturel dans ces phénomènes, c'est qu'ils se produisent à volonté, soit immédiatement, soit à tel jour et telle heure que l'opérateur aura fixés suivant son caprice; c'est que pour qu'ils se produisent, il faut de toute nécessité que le sujet soit hypnotisé, et qu'ils n'apparaissent jamais en dehors de l'hypnose et dans l'état normal.

Ce n'est pas tout : il nous semble que l'opinion du P. de Bonniot est extrêmement dangereuse au point de vue religieux.

Il assimile les exsudations hypnotiques à certaines exsudations qui, d'après lui, se produisent naturellement dans certaines circonstances. «Sans doute, dit-il, on a dû plus d'une fois rencontrer, chez des personnes qui faisaient profession de piété, de simples exsudations sanguines, dont l'*imagination, une grande sen-*

sibilité, ou, comme on dit maintenant, l'*autosuggestion* était la cause. On ne laisse pas d'être soumis
aux conditions de la vie organique, pour s'adonner à
l'ascétisme. Mais il y a tout autre chose dans les
stigmatisés de l'hagiographie (1). »

Et pour le prouver, le P. de Bonniot cite, d'après
Goërres, les stigmates de Cécile Nobil, religieuse
clarisse ; de Jeanne-Marie de la Croix de Roveredo,
dont les blessures avaient pénétré jusqu'au cœur ; de
saint François d'Assise, dont la plaie du côté était
large et profonde de trois doigts. Mais il n'en est pas
toujours ainsi, et le P. de Bonniot n'ignore point
que les stigmates n'apparaissent pas constamment
d'une manière aussi palpable ; il nous dit lui-même
que « plus d'une fois les stigmates, restés invisibles,
pendant la vie du saint et sur sa demande, sont devenus visibles et saignants sur son cadavre (2). »

Mais alors comment distinguer les vrais stigmates
de ceux qui ne le sont pas ? Le P. de Bonniot pour-
ra-t-il assimiler à une simple exsudation, à un simple
suintement sanguinolent, « les caractères dessinés
en relief et en rouge vif, d'où le sang avait jailli en
plusieurs endroits et qui, *trois mois après*, étaient
encore visibles, bien qu'ils eussent pâli peu à peu ? »
C'est lui-même qui l'atteste, en parlant de l'expérience
de MM. Bourru et Burot.

Si l'on admet l'opinion du P. de Bonniot, qui

(1) De Bonniot, *op. cit*, p. 277.
(2) Id., p. 278.

pourra assurer que tous les stigmates dont il est question dans la vie des saints, qu'ils fussent plus ou moins apparents, n'étaient pas l'effet de l'*imagination surexcitée*, d'une *grande sensibilité* ou d'une *auto-suggestion* ?

Ce qui augmente encore nos doutes, c'est qu'à l'appui de ses conceptions physiologiques, le P. de Bonniot invoque l'autorité d'un de ses confrères [1], le P. Hahn, dont l'ouvrage a été mis à l'index, précisément pour avoir voulu appliquer à sainte Thérèse ses théories par trop naturalistes.

N'est-il point à craindre qu'en faisant tant de concessions à une science qui ne repose encore que sur des hypothèses, en rendant douteux et les stigmates de plusieurs saints et les révélations de sainte Thérèse, on n'ébranle, en même temps, la foi au miracle et au surnaturel? Le P. de Bonniot nous permettra de lui dire, avec toute la déférence due à son caractère, à sa science et à son talent, que la condamnation du P. Hahn par les Sacrées Congrégations des Rites et de l'Index aurait dû, ce nous semble, le rendre plus circonspect.

Mais, nous dira-t-on peut-être, si vous n'admettez pas ces phénomènes comme naturels, vous êtes obligé de les attribuer à une cause extranaturelle, c'est-à-dire au démon, auquel les expérimentateurs ne croient pas, bien loin de réclamer son concours. C'est vrai, et nous n'hésitons pas à déclarer ici que tel est notre

---

[1] De Bonniot, *op. cit.*, p. 310.

sentiment. Voici pourquoi. Toutes ces expériences, sans aucune utilité réelle, avaient uniquement pour but de prouver que les stigmates n'étaient que l'effet d'une disposition naturelle. C'est ce qu'atteste Cullerre : « Au dernier congrès tenu par l'Association française pour l'avancement des sciences, à Grenoble, au mois d'août 1885, de curieuses expériences, de nature à élucider la question si controversée des stigmates sanguinolents des extatiques religieux, ont été relatés par MM. Bourru et Burot. Ces expérimentateurs sont parvenus à produire ce *fameux miracle*, par simple suggestion, chez un hystéro-épileptique soumis à leur observation [1]. » Nous avons cité plus haut cette expérience.

C'était le même but que se proposaient d'atteindre M. Focachon et ses nombreux amis, dans les expériences dont nous avons parlé précédemment. « On se rappellera, dit Paul Gibier, qu'en vue de savoir si le *prétendu miracle de la stigmatisation* ne couvre pas quelque phénomène hypnotique, M. Focachon entreprit avec une demoiselle Elisa F. pour sujet, des recherches qui l'amenèrent à produire des brûlures et de la vésication par simple suggestion [2]. »

Serait-il donc bien étonnant que, dans de pareilles circonstances, le démon fût intervenu, à leur insu, pour confirmer ces hommes dans leur orgueilleuse incrédulité ?

---

(1) CULLERRE, *Magnétisme et hypnotisme*, p. 219.
(2) Paul GIBIER, *Le Spiritisme*. Introd., p. xi.

On nous pardonnera d'avoir si longuement insisté sur ce point; c'est qu'il est de la dernière importance pour la thèse que nous défendons.

Prévision de l'avenir. — Nous avons déjà vu que des femmes hypnotisées annonçaient, plusieurs jours à l'avance, le jour et l'heure où elles éprouveraient certaines crises et ce qu'elles feraient pendant qu'elles seraient en cet état.

« Nous avons rencontré chez deux somnambules, disent les membres de la commission académique, par l'organe du docteur Husson, son rapporteur, le 21 juin 1831, la faculté de prévoir des actes de l'organisme plus ou moins éloignés, plus ou moins compliqués. L'un d'eux a annoncé plusieurs jours, plusieurs mois d'avance, le jour, l'heure et la minute de l'invasion et du retour d'accès épileptiques ; l'autre a indiqué l'époque de sa guérison. Leurs prévisions se sont réalisées avec une exactitude remarquable. Voici un autre fait rapporté par Figuier :

» Pendant tout le temps du consulat et de l'empire, le marquis de Puységur resta complètement étranger aux affaires politiques et s'occupa uniquement de magnétisme. Lorsque 1814 arriva, le pays qu'il habitait fut un des plus cruellement éprouvés par le fléau de l'invasion étrangère. Le marquis se préparait à quitter Buzancy pour se soustraire aux fureurs des Cosaques, lorsqu'une de ses vieilles somnambules, *la Maréchale,* qu'il consultait depuis 1784, le détourna de son projet, l'assurant que ni lui ni sa famille n'auraient à souffrir aucune violence. Il resta donc. La vérité est que son nom, connu dans toute l'Europe, lui valut la protection du général Czernichef, qui le fit épargner autant que possible [1]. »

Si nous ne craignions pas d'être trop long et de fatiguer nos lecteurs, nous pourrions citer encore un grand nombre de faits, tous plus étonnants les uns que les autres, et attestés cependant par des hommes dont la science et la véracité sont incontestables. Mais hâtons-nous de dire que tous les hypnotiques ne sont pas susceptibles des mêmes observations ni des mêmes expériences, et qu'il y en a beaucoup dont on ne peut rien ou à peu près rien tirer. Comme le fait très bien observer Ch. Trotin, « il y a des hypnotisés *frustes,* dont on ne tire pas grand'chose ; il y a les *incohérents,* chez lesquels les phénomènes magnétiques se mêlent, se brouillent, de façon à dérouter l'expérimentateur. Il y a enfin les hypnotisés *corrects,* j'allais dire les *classiques,* chez qui, très souvent, par suite de l'entraînement et de l'éducation, la névrose atteint sa perfection [2]. » C'est de ceux-là principalement qu'on obtient les phénomènes dont nous venons de parler.

L'embarras des matérialistes et des positivistes relativement à ces phénomènes. — Ne pouvant en donner aucune explication raisonnable et plausible, les docteurs matérialistes et positivistes prennent le parti de s'en moquer et de les nier hardiment ; ou,

---

(1) FIGUIER, *Histoire du merveilleux,* t. III, p. 286.
(2) Charles TROTIN, *Revue des sciences ecclés.,* 1887, p. 232.

si les faits sont tellement patents, tellement prouvés, qu'il soit impossible de les contester, ils refusent de s'en occuper.

C'est ce que faisaient, dès 1784, les commissaires nommés par le roi : « Nous n'avons pas cru, disent-ils dans leur rapport, devoir fixer notre attention sur quelques faits insolites, merveilleux, contredisant toutes les lois de la physique (1).

C'est ce que fait le docteur Paul Richer dans ses *Etudes cliniques sur la grande hystérie*, où il déclare ne vouloir s'occuper de l'hypnotisme qu'au point de vue thérapeutique. « Loin de nous laisser entraîner, dit-il, par l'attrait du merveilleux et de l'inconnu, nous avons tout particulièrement recherché, dans ces questions difficiles, le côté terre à terre.... en nous renfermant d'abord dans l'étude des faits les plus simples et les plus grossiers ; en n'abordant qu'ensuite et avec beaucoup de circonspection les faits un peu plus complexes, et, j'ajouterai même, en *négligeant complètement* ceux d'une appréciation beaucoup plus difficile qui, pour le moment, ne se rattachent par aucun lien saisissable aux faits déjà connus (2). » Et le docteur Charcot le félicite d'avoir pris ce parti, qu'il trouve excellent (3). C'est ce que fait aussi le docteur Ernest Naville : « Si l'on admet, dit-il, que l'hypnotisme produit dans certains cas des perceptions étrangères à toutes les lois connues.... je laisserai de

(1) DE MIRVILLE, *Des esprits*. Introd., p. xx.
(2) Paul RICHER, *Etudes cliniques sur la grande hystérie*, p. 515.
(3) CHARCOT, lettre à P. Richer, *Id.*, p. IV.

côté cette partie spécialement mystérieuse de la question (1). »

Mais négliger ainsi à dessein une partie des faits les plus évidents, n'est-ce pas avouer implicitement que dans l'hypnotisme il y a des phénomènes qu'on ne peut expliquer scientifiquement, et qui, comme l'a dit quelqu'un, bouleversent toutes les théories des rationalistes?

« Les expérimentateurs de la Salpêtrière, dit M. l'abbé Méric, ont horreur du merveilleux; ils craignent de s'aventurer dans le champ de ces phénomènes qui touchent au monde invisible. Ils ont la prétention de fonder une science et d'en formuler les lois invariables, et ils oublient que l'irrégularité est le caractère spécifique de la plupart des phénomènes se rattachant à l'hypnose. Rien n'est plus capricieux que cette force mystérieuse excitée par l'hypnotisme et cause réelle des faits étranges que nous étudions. Mais quelles que soient l'hostilité et l'aversion profonde de ces observateurs positivistes pour la métaphysique et les réalités invisibles, ils sont forcés, néanmoins, de constater l'existence de cette force, de ce fluide, de cet inconnu qu'ils nient du bout des lèvres et dont les effets sont un défi aux explications prétentieuses des expérimentateurs matérialistes (2). » C'est ce qu'avoue Cullerre : « Si ces faits sont réels, et on ne peut guère les contester, *leur explication*

---

(1) Ernest NAVILLE, Mémoire lu à la séance de l'Académie des sciences morales et politiques. (Bulletin du 8 novembre 1886.)

(2) L'abbé MÉRIC, *Étude sur l'hypnotisme*, p. 63 et 75.

nous semble bien difficile. Quelques-uns les attribuent à la force neurique rayonnante ; mais la force neurique rayonnante est une hypothèse qui nous ramène purement et simplement au fluide des partisans du magnétisme animal et que rien ne justifie (1). »

§ 7.

L'hypnotisme considéré dans ses causes, dans ses symptômes et dans sa cessation.

« L'hypnotisme, d'après Paul Richer, est une perturbation produite dans les fonctions normales du système nerveux. » C'est une affection nerveuse, ou, comme l'appelle Charcot : c'est une névrose expérimentale. Mais qui dit *névrose* dit *maladie*, et c'est bien ainsi que l'entendent les médecins italiens. « Les phénomènes hypnotiques, dit Gonzalès, sont des faits psychiques morbides (2). » « C'est, dit Mosso, l'exagération morbide des phénomènes physiologiques qui s'observent dans le sommeil (3). »

« La perturbation nerveuse, ajoute le P. Franco, est si évidente, que pour la nier il faudrait s'arracher les yeux de la tête. On voit se manifester dans l'hypnotisé l'altération du système des nerfs moteurs, l'altération du système musculaire, l'altération dans la circulation du sang, l'altération dans les facultés sen-

(1) Docteur CULLERRE, *Magnétisme et hypnotisme*, p. 224.
(2) E. GONZALÈS, *Osservatore cattolico* de Milan, mai 1886.
(3) Mosso, *Nuova antologia*, 1er juillet 1886.

sitives, l'altération dans les organes supérieurs servant aux fonctions mentales. L'hypnotisé va jusqu'aux convulsions toniques et aux contorsions clowniques de la grande hystérie, jusqu'à l'amnésie ou perte de la mémoire, à l'aboulie ou perte de la volonté, aux hallucinations, au délire, à l'épilepsie, au somnambulisme forcé (1). »

Considéré à ce point de vue, nous allons voir que l'hypnotisme a quelque chose de contraire aux lois de la nature, dans ses causes, dans ses symptômes et dans sa cessation.

Quand les magnétiseurs veulent indiquer les causes de l'hypnotisme, ils tombent dans le plus grand embarras. Deux hypothèses seulement peuvent être imaginées pour lui assigner une cause un peu plausible : l'émission d'un fluide de l'hypnotisant à l'hypnotisé, ou l'énergie de l'imagination de l'hypnotisé surexcitée par l'hypnotisant. Ces deux hypothèses, reposant l'une sur la théorie *objective* et l'autre sur la théorie *subjective,* ont formé deux écoles qui comptent de nombreux adeptes et qui s'anathématisent l'une l'autre.

Mesmer inventa le fluide universel, cosmique, thaumaturge, passant du magnétiseur au magnétisé. Ses disciples ne s'accordent pas sur la nature de ce fluide : les uns l'appellent le *fluide magnétique,* d'autres le *fluide nerveux,* ou le *fluide vital,* ou le *fluide zoo-magnétique,* ou le *fluide électro-dyna-*

---

(1) P. FRANCO, *Le magnétisme revenu à la mode,* p. 103.

mique, etc.; tous fluides, dit le P. Franco, hypothétiques, imaginaires, et reniés aujourd'hui non moins par la physique que par la physiologie et par la plupart des magnétiseurs.

Quant à soutenir que l'imagination individuelle de l'hypnotisé suffit pour déchaîner les crises hypnotiques, tous ceux qui ont tant soit peu étudié la question protesteront contre cette cause supposée. Il est évident que les personnes qui se font hypnotiser ne font pas le moindre effort d'imagination ; elles se contentent de donner leur consentement. Mais un simple consentement peut-il être une cause d'effets physiques ? Reculant devant une pareille absurdité, les plus prudents attribuent les phénomènes magnétiques à une faculté d'un genre inconnu.

Quelle que soit l'opinion que l'on adopte, la raison nous dit que si l'acte hypnotisant était une véritable cause physique, cette cause, comme toutes les autres causes physiques, serait constante et nécessaire dans son effet. Or, l'expérience prouve qu'il n'y a rien de plus inconstant, de plus variable que l'acte hypnotisant. Les moyens les plus différents sont tous également efficaces. Mesmer employait les cuvettes, la baguette magique et d'autres grimaces souvent lubriques et très laides. Puységur traitait les patients comme un aimant. Ne pouvant répondre à tous ceux qui venaient le consulter, il s'était imaginé de magnétiser un orme d'où pendaient un grand nombre de petites cordes ; il suffisait de toucher une de ces cordes pour être magnétisé. Puis vinrent à la mode les

passes et les mouvements à la main. En 1841, un
Italien magnétisait avec des aspersions d'eau. Mais un
Français le surpassa, en endormant par un simple
souffle, ce qui est maintenant le moyen usité pour réveiller le patient. Le fameux abbé Faria endormait par
une seule parole impérieuse : Dormez! c'est encore le
moyen qu'emploie aujourd'hui le docteur Bernheim.
Après, on endormit les sujets par un commandement
intérieur de la volonté et enfin par la seule présence
du magnétiseur. La méthode qui prévaut aujourd'hui
consiste à fixer soit un objet brillant, soit les yeux de
l'opérateur. Cela revient à dire que le sommeil magnétique, avec tous ses phénomènes, n'a aucune cause
déterminée. Les médecins sincères en conviennent
franchement. « Je dois avouer, disait Braid, qu'il m'est
impossible d'expliquer le *modus operandi*, la production de certains phénomènes, et je serais très obligé à
celui qui pourrait m'éclairer sur ce point [1]. » De son
côté, Charcot n'a pu jusqu'à présent donner aucune
explication scientifique des expériences de la Salpêtrière, et il déclare qu'il n'en connaît pas [2].

Jusqu'ici tous les savants ont enseigné et prouvé
que tout effet physique a sa cause physique propre et
déterminée, et la raison qu'ils en donnent, c'est qu'on
ne peut rien trouver dans l'effet qui ne préexiste for-
mellement ou éminemment dans la cause. Seul l'hypnotisme fait exception. Mais peut-on admettre qu'un

---

(1) BRAID. *Neurypnologie*, p. 13.
(2) Revue scientifique *la Nature*, 18 janvier 1879, p. 106.

ensemble de phénomènes physiques puissent être produits par une cause quelconque choisie à volonté?

Peut-on croire que des actes de natures si différentes puissent produire les mêmes effets? Peut-on
croire qu'un léger souffle sur le visage, qui endormait
il y a cinquante ans, serve maintenant à éveiller? Ne
semble-t-il pas évident que ces opérations diverses
ne sont qu'une cause apparente des phénomènes,
servant à dissimuler la véritable cause et l'intervention d'un agent inconnu et mystérieux?

A l'inconstance de ces causes s'ajoute leur dispro-
portion avec l'effet. Nous avons vu que l'hypnotisme
bouleverse tout l'organisme humain. Mais conçoit-on
qu'il suffise d'un regard, d'un souffle, pour plonger instantanément dans l'état le plus effrayant un homme
vigoureux et jouissant d'une santé florissante? Et ce
qui nous porte à croire que dans ces phénomènes il y
a quelque chose, qui n'est pas naturel, c'est qu'ils sont
subits, imprévus, et qu'ils dépendent de la volonté
humaine. « C'est un fait notoire, dit un auteur, que
chaque maladie a ses prodromes, c'est-à-dire des
signes qui, plus ou moins lentement, montent au
degré de symptômes complets. Ainsi l'attaque de la
grande hystérie, affection qui a le plus de rapports
avec l'hypnotisme, ne surprend jamais. Elle est toujours précédée, et quelquefois même pendant plusieurs
jours, de phénomènes qui permettent à la malade de
prévoir le moment où elle arrivera. Dans l'attaque
hypnotique, rien de semblable; c'est un ensemble de
symptômes horribles, qui tombent du ciel comme une

bombe. Ainsi un jeune homme qui, une minute avant, était éveillé et jouissait d'une santé parfaite, une minute après est en léthargie, insensible ou d'une sensibilité extrême ; toutes ses sensations sont fausses ou morbides ; il est délirant, somnambule, etc.; et quand il a parcouru tout ce tourbillon de phénomènes, il est subitement guéri par un souffle de l'hypnotiseur [1]. » On comprend très bien qu'une saignée, une douche froide, une piqûre de morphine, puissent, dans certains cas, produire un soulagement instantané. Mais produire instantanément un ensemble de désordres effrayants et les dissiper instantanément, cela ne se voit que dans l'hypnotisme.

C'est à la suggestion qu'il faut attribuer ces phénomènes, répondent les magnétiseurs. Mais alors comment se fait-il qu'en vain cent spectateurs s'efforcent de suggérer une chose quelconque à l'hypnotisé, le stimulant par des gestes, par des cris, par des piqûres, sans obtenir aucun résultat, tandis qu'il suffit d'un signe à l'hypnotiseur pour être obéi ? Il y a donc entre l'hypnotisé et l'hypnotiseur un lien secret, il intervient donc une force cachée, un agent inconnu qui opère ?

De l'aveu de tous les physiologistes, pour que les différents phénomènes hypnotiques se produisent dans les systèmes musculaire et nerveux, il faut que l'organisme soit troublé. Or, notre raison se refuse à croire qu'il suffit d'un simple regard, d'un simple

---

(1) P. FRANCO, op. cit., p. 116 et suiv.

signe, d'un simple acte de la volonté, pour produire ces hallucinations très fortes et caractéristiques, ces délires résolus et énergiques de l'esprit, de l'imagination, des sens, que nous voyons chez les hypnotisés et qui sont si facilement obtenus.

Un hypnotiseur dit à une femme endormie que son bras sera désormais paralysé, et en effet, à son réveil, elle ne peut plus se servir de son bras. C'est en vain que les médecins s'efforcent de faire cesser cette paralysie, en dehors de l'hypnotisme, en usant des remèdes ordinaires que l'art prescrit. Tout est inutile. Il faut rendormir la malade, et alors il suffit d'une parole du magnétiseur pour lui rendre instantanément le mouvement et la santé.

Nous avons vu plus haut qu'un jour Bernheim suggéra à une femme hypnotisée qu'à son réveil elle ne le verrait plus, qu'elle ne l'entendrait plus, qu'il ne serait plus là. Et en effet, à son réveil, elle le cherche en vain ; il a beau se montrer, se placer devant elle, lui crier à l'oreille qu'il est là ; elle ne le voit pas, elle ne l'entend pas, il n'existe plus pour elle ; mais elle voit et entend les personnes présentes. C'est là une expérience que tous les magnétiseurs se font un jeu de reproduire à chaque instant, et que pour notre compte nous avons de la peine à croire naturelle.

Mais voilà quelque chose de plus étonnant encore. On dit à une personne hypnotisée que tel jour, à telle heure, elle saignera du nez ; que tel jour, à telle heure, elle aura un vésicatoire dans le dos ; que tel jour, à telle heure, le sang sortira de son front, de son côté, de ses mains, de ses pieds, c'est-à-dire qu'elle aura des stigmates ; et l'effet se produit. Mais, disent les médecins les plus savants et les plus consciencieux, les symptômes sont des effets physiques de la maladie qu'aucune volonté humaine ne peut produire, comme aucune volonté humaine ne peut les détruire ni les gouverner à son gré (1).

Nous conclurons donc avec le P. Franco qu'ils ne sont ni sots, ni fanatiques, ni fous, ceux qui, examinant les causes et les symptômes de l'hypnotisme, soupçonnent que l'hypnose n'est pas toute naturelle et qu'il y a là l'intervention occulte d'un agent inconnu. Bernheim dit à un de ses somnambules, à l'état de veille : Marchez. — Et il marche. — Vous ne pouvez plus avancer. — Il reste cloué sur place. — Faites tous vos efforts, vous ne pouvez pas. — Il incline son corps en avant, mais ne parvient pas à détacher ses pieds du sol (2). « Nous voudrions bien savoir, demande M. de Mirville, si M. Dupotet, par exemple, a le pouvoir d'enchaîner dans la rue les pas du premier venu, comme nous le lui avons vu faire cent fois dans son salon, par un seul effort de sa volonté. Il sait bien que non. Donc c'est une puissance accidentelle et n'agissant que sur les imprudents qui consentent à s'y soumettre (3). »

(1) Ch. Trotin, *Revue des sciences ecclés.*, année 1887, p. 337.
(2) Bernheim, *De la suggestion*, p. 84.
(3) De Mirville, *Les esprits*, t. I, p. 63.

§ 8.

Peut-on hypnotiser quelqu'un sans son consentement ?

Ce qui nous confirme dans cette opinion, ce qui est pour nous une pierre de touche et ce qui nous paraît une preuve irréfragable que l'hypnotisme n'est pas une chose purement physique, c'est que personne ne peut être hypnotisé, une première fois, sans son consentement. Nous disons *une première fois;* car quand ce consentement a été une fois donné, et surtout quand il a été réitéré plusieurs fois, le magnétiseur exerce un tel pouvoir sur son sujet, qu'il peut l'endormir à son insu et contre sa volonté. Mais pour la première fois, le consentement est absolument nécessaire. Nous en avons donné la preuve précédemment. C'est sur ce fait, qui paraît aujourd'hui incontestable, que s'appuient les magnétiseurs pour justifier l'hypnotisme du reproche d'immoralité. Adressez-vous, disent-ils, à une personne honnête, et vous ne courrez aucun danger.

Il faut que ce consentement soit plein et entier. « Voilà pourquoi, dit Bernheim, il est souvent difficile et même impossible d'endormir les aliénés, les mélancoliques, les hypocondriaques; la volonté morale leur manque.... » Il faut que le consentement soit sérieux. « Si la personne que vous voulez endormir, dit le docteur Beaunis, se met à rire et

tourne la chose en plaisanterie, vous pouvez cesser
votre tentative, elle ne réussira pas. » Mais quelle
influence peut avoir un simple acte de la volonté sur
un phénomène purement physique?

La raison nous dit et l'expérience nous prouve
qu'une cause purement physique, mise en action
dans des circonstances et des conditions identiques,
produit toujours le même effet. Ainsi, que je le veuille
ou que je ne le veuille pas, si l'on me fait respirer
du chloroforme, je ne tarderai pas à m'endormir. Que
je le veuille ou que je ne le veuille pas, si je reste
renfermé dans un appartement bien clos où il y a du
charbon allumé, je ne tarderai pas à être asphyxié. Il
n'en est pas ainsi de l'hypnotisme : que le magnétiseur fasse tout ce qu'il voudra, si je ne donne pas
mon consentement, il ne pourra parvenir à m'endormir. Mais une fois le consentement donné, je tombe
immédiatement au pouvoir d'un autre qui, comme
nous l'avons vu, me fera faire tout ce qu'il voudra,
sans que je le veuille, sans que je le sache, sans que
j'en conserve plus tard le moindre souvenir.

Mais quel est cet *autre* à qui je suis soumis? Est-
ce mon magnétiseur? Voilà une chose bien incom-
préhensible : il me fait dire ce que je ne sais pas,
ce qu'il ne sait pas lui-même, ce qu'il ne peut savoir,
par exemple, la description d'une maladie interne. Il
me fait révéler ce qu'il ne peut connaître lui-même,
comme de dire ce qui se passe à distance. Où a-t-il
pris le pouvoir de me faire accomplir, dans le
sommeil, ce que je ne pourrais faire à l'état de veille,

ce qu'il ne pourrait faire lui-même? Jusqu'ici aucun magnétiseur n'a pu donner de ces phénomènes une explication satisfaisante.

§ 9.

L'intervention d'un agent supranaturel explique tous les phénomènes. — Cet agent ne peut être que le démon. — Ses procédés.

Mais si l'on admet l'intervention d'un agent inconnu dont la puissance est égale à l'intelligence, alors tout s'explique facilement. En effet, qu'est notre corps par rapport à notre âme? Tout simplement un instrument dont elle se sert pour se mettre en communication avec le monde extérieur et pour pourvoir à la conservation de l'individu. Par un acte libre, mais coupable, de sa volonté, l'âme renonce pour un temps à se servir de son corps et en abandonne l'usage à un autre qui agit du dedans, comme le dit M. Ribet (1), et semble se substituer à elle. On dirait qu'elle se concentre et se renferme en elle-même, qu'elle s'isole en quelque sorte du monde extérieur et demeure étrangère à toutes les opérations que le corps accomplit, soit dans l'état d'hypnotisme, soit après son réveil, en vertu d'ordres donnés pendant son sommeil artificiel et à l'exécution desquels il ne peut se soustraire, affirme le docteur Bernheim.

(1) M. RIBET, *La mystique divine*, t. III, p. 222 et 606.

Mais s'il faut attribuer ces phénomènes, que les magnétiseurs eux-mêmes désignent sous le nom de *supérieurs*, à un esprit, c'est-à-dire à un être immatériel doué d'intelligence et de puissance, on ne peut attribuer ni à Dieu ni aux bons anges des phénomènes nuisibles à la santé et à l'intelligence, des phénomènes très souvent immoraux (1). On est donc obligé de les attribuer à ces esprits obscurs et malicieux dont parlent Platon et Pythagore et que les chrétiens appellent démons. Dès lors on comprend très bien aussi la nécessité du consentement de l'hypnotisé. Comme nou l'avons déjà dit, le démon est comme un lion enchaîné qui ne peut dévorer que ceux qui se mettent à sa portée. Dieu n'a pas voulu qu'il pût, en quelque sorte, faire perdre à l'homme sa personnalité et en disposer à son gré, sans le consentement formel de l'homme, que celui-ci est toujours libre de donner ou de refuser.

« Si le démon cherche souvent à dissimuler son action, il y a des temps aussi, dit Mgr Gay, évêque d'Anthédon, et le nôtre en est un, où il ne semble viser qu'à se produire, afin de se faire passer pour Dieu et servir comme tel. — C'est toujours son désir, son espérance et son besoin. » Il cherche non pas à détruire Dieu, il sait que c'est impossible, mais à s'égaler à lui, en l'imitant en toutes choses. Ainsi Jésus-Christ a établi des sacrements, Satan a des signes sensibles pour manifester sa présence et son

---

(1) DE BONNIOT, *Le miracle et ses contrefaçons*, p. 242 et suiv.

intervention. Si Jésus-Christ a ses prêtres, pour administrer les sacrements, ne pourrait-on pas dire que Satan a ses ministres, conscients ou inconscients, dans les magnétiseurs et les spirites? Partout on aperçoit une parodie sacrilège des choses saintes et des cérémonies sacrées. Le prêtre fait de fréquentes aspersions d'eau bénite : un Italien aspergeait les personnes pour les hypnotiser. D'après le précepte du Seigneur, les évêques et les prêtres imposent souvent les mains : *super ægros manus imponent et benè habebunt*, le docteur Ochorowicz et d'autres magnétiseurs guérissent les migraines, les névralgies ou d'autres crises nerveuses par l'imposition des mains [1]. Dans les exorcismes, le prêtre souffle souvent sur l'objet qu'il veut exorciser; un léger souffle sur le visage est aujourd'hui le moyen le plus usité pour éveiller l'hypnotisé. A chaque instant les chrétiens font le signe de la croix ; mais les passes perpendiculaires et horizontales des magnétiseurs ne sont-elles pas des espèces de croix? D'un mot, Jésus-Christ guérissait les maladies; d'un mot, l'hypnotiseur endort ou éveille son sujet. Ce qui a fait dire à quelqu'un que le démon est le singe de Dieu, ou, comme le disait lui-même Satan, dans une évocation spirite rapportée par le P. Franco : Je suis un Dieu à l'envers [2]. Ne peut-on pas raisonnablement soupçonner que toutes ces coïncidences ne sont pas l'effet du hasard et qu'elles sont dues à l'intervention du démon ?

(1) Ochorowicz, *De la suggestion mentale*, p. 152.
(2) P. Franco, *op. cit.*, p. 273.

§ 10.

Aveux des magnétiseurs. — Tony Dunand.
— Dupotet.

Quelques magnétiseurs plus sincères et moins esclaves du respect humain que les autres ne le dissimulent pas. Le P. de Bonniot en cite plusieurs exemples. Nous avons déjà parlé d'un étudiant en médecine, nommé Thouverey, qui, ayant imprudemment magnétisé une jeune ouvrière et compromis sa santé, voulut réparer sa faute en l'épousant et qui disait à son ami Tony Dunand : « Mon cher Tony, ne touchez jamais au magnétisme.... » Le docteur Dunand ne comprit pas assez vite la sagesse de ce conseil et plus tard il répétait à son tour, dans son ouvrage intitulé « *Une révolution en philosophie :* » Et moi je dis à ceux qui me lisent : « Ne touchez jamais au magnétisme ; du jour où le destin m'a forcé de m'en occuper, ma vie a été un long martyre, parce que derrière ce que Mesmer et ses disciples ont nommé le magnétisme, se cachent les démons, qu'il faut vaincre, et ce n'est pas commode. »

Le docteur Thouverey avait trouvé, dans l'art du magnétisme, le secret des miracles diaboliques ; il guérissait les maladies les plus graves à la parole. Le docteur Dunand en cite des exemples authentiques et vraiment étranges ; il affirme que son père lui-même avait

été guéri, par ce procédé commode, en dix minutes,
d'une tumeur énorme au genou. Obsédé par les instances sans cesse renouvelées du docteur Dunand,
qui était curieux d'avoir la clef de ces merveilles, le
docteur Thouverey finit par céder, et, prenant un papier dans son secrétaire, il dit à son jeune ami : « Ce
papier est une révélation que j'ai eue peu de temps
après mon mariage, et c'est de là que date ma grande
puissance. Un soir, au moment de me coucher, je
vis apparaître un personnage colossal qui entra dans
ma chambre, bien que portes et fenêtres fussent
closes, et il m'enjoignit de prendre une plume et du
papier, afin d'écrire ce qu'il allait dicter. J'obéis machinalement, au milieu d'une stupeur indescriptible,
et après m'avoir dicté diverses choses, il termina par
ces mots significatifs : « Je serai avec toi dès à présent, et tu guériras à la parole et par l'imposition des
mains. Tu conserveras la puissance que je te donne,
mais à une condition, c'est que jamais tu ne te sou-
mettras à la bénédiction d'un prêtre catholique.... »
Quelques années après, continue le docteur Dunand,
le docteur Thouverey, devenu veuf, convolait à de
secondes noces. La personne dont il avait demandé
la main exigeait absolument la célébration religieuse
du mariage. Il fit une résistance désespérée, à cause
de ses engagements secrets ; mais le sentiment étant
le plus fort, il céda et reçut la bénédiction d'un prêtre
catholique. A l'instant, sa puissance extraordinaire
lui fut ôtée, et il ne fut plus qu'un médecin très ordinaire, qui mourut prosaïquement de la pierre, à

Paris, rue des Martyrs, où il s'était fixé presque aussitôt après son second mariage. »

Voici maintenant le témoignage du célèbre baron Dupotet. Quand pour la première fois nous avons entendu parler de lui, nous avouons que nous l'avons pris pour un charlatan, et ses *miroirs magiques* pour de la fantasmagorie. Mais après avoir vu le rôle qu'il a joué pendant près de quarante ans, les nombreuses expériences qu'il a faites à l'Hôtel-Dieu de Paris, sous les yeux d'une foule de savants et des plus habiles médecins, qui, tout en rejetant ses principes et sa doctrine, ont rendu hommage à son intelligence, à sa science, à sa bonne foi, à la sincérité et à   ι constance de ses convictions, nous avons changé de sentiment à son égard. Son témoignage a d'autant plus de poids qu'ayant toujours paru dédaigner les vérités de la foi et les enseignements de l'Eglise, le baron Dupotet ne peut être soupçonné d'avoir cédé à des influences religieuses.

On sait, dit Figuier, que M. Dupotet a cru, dans ces derniers temps, avoir retrouvé dans le magnétisme la magie des siècles anciens, et ce qui le sépare des magnétiseurs ordinaires, c'est qu'il admet l'intervention d'une puissance *occulte*, *externe*, qui subalternise ou même annihile la volonté de l'opérateur.

« J'ai senti les atteintes de cette redoutable puissance, écrit M. Dupotet. Un jour qu'entouré d'un grand nombre de personne, je faisais des expériences dirigées par des *données nouvelles* qui m'étaient personnelles, cette *force*, un autre dirait le *démon*, *évoquée* agita tout mon être; il me sembla que le vide se faisait autour de moi et que j'étais entouré d'une vapeur légèrement colorée. Tous mes sens paraissaient avoir doublé d'activité, et ce qui ne pouvait être une illusion.... mon corps, entraîné par une sorte de tourbillon, était, malgré ma volonté, contraint d'obéir et de fléchir. Le lien était fait, le pacte était consommé, une puissance occulte s'était soudée à la force qui m'est propre et me permettait de voir la lumière. Plus de doute, plus d'incertitude : la magie était retrouvée [1]. »

Le baron Dupotet s'éloigne encore de ses confrères les magnétiseurs en ce que, pour produire les hallucinations les plus extraordinaires, il n'a pas besoin de recourir au somnambulisme. Ce qu'il appelle le centre de ses opérations est un cercle tracé sur le parquet avec de la craie ou du charbon. Voici la description que M. Dupotet donne lui-même de ce cercle, connu sous le nom de *Miroir magique*. « Pour cette opération, nous prenons un morceau de braise; nous traçons un cercle plein, en ayant soin que toutes les parties soient noircies.... Nous séparons de nous une force; il y a émission. Cette force est réelle, quoique non visible encore. Déposée sur un corps quelconque, elle s'y fixe comme une essence. Puis bientôt elle exerce son action sur ce qui l'environne et la magie commence.... Nos intentions sont bien

---

[1] Dupotet, *La magie dévoilée*; Figuier, t. IV, p. 287.

formulées ; aucune hésitation dans nos pensées ; nous voulons que les *esprits animaux* soient fixés dans ce petit espace et y demeurent enfermés ; qu'ils y appellent des *esprits ambiants* et semblables, afin que des communications s'établissent entre eux et qu'il en résulte une sorte d'alliance. L'expérimenté une fois attiré vers ce point, une pénétration initiative, due au rapport qui s'établira entre les esprits qui sont en lui et ceux fixés sur le miroir magique, doit avoir lieu ; il voit les événements et tout ce qui l'intéresse, comme s'il était dans l'extase et dans le somnambulisme le plus complet, bien que l'expérimenté soit libre de ses facultés comme de son être et que rien chez lui ne soit enchaîné.

» Cette expérience est neuve pour nous, comme pour toute l'assemblée, qui se compose, ce jour-là, de quatre-vingts personnes. Tous les yeux sont ouverts ; c'est en plein jour, sur un parquet qui n'a reçu aucune préparation et qui n'est revêtu d'aucun enduit, que le rond est tracé, et le charbon qui a servi est déposé sur la cheminée, où tout le monde est libre de l'examiner, aucun parfum, aucune parole, enfin rien que le rond charbonné et l'occulte puissance qui a été déposée au moment du tracé.

» Que cette puissance ait des favoris et semble pourtant obéir à la pensée, à une voix humaine, à des signes tracés, peut-être à une injonction, voilà ce qu'on ne peut concevoir, voilà ce que la raison repousse et repoussera longtemps encore, voilà pourtant ce que je crois, ce que j'adopte ; voilà ce que j'ai vu et, je le dis résolument, ce qui est une vérité pour moi à jamais démontrée. » Et il cite l'expérience suivante.

« Plein de confiance en lui-même, sûr de l'impuissance de cette magie, un homme de vingt-cinq à vingt-six ans s'approche du rond fatidique, le considère d'abord avec un regard assuré, en examine les circonvolutions, car il est inégalement tracé, lève la tête, regarde un instant l'assemblée, puis reporte ses regards en bas, à ses pieds. C'est alors qu'on aperçoit un commencement d'effet, sa tête se baisse davantage ; il devient inquiet de sa personne, tourne autour du cercle sans le perdre un instant de vue ; il se penche davantage encore, se relève, recule de quelques pas, avance de nouveau, fronce les sourcils, devient sombre et respire avec violence. On a alors sous les yeux la scène la plus étrange, la plus curieuse. L'expérimenté voit, à n'en pas douter, les images qui viennent se peindre dans le miroir ; son trouble, son émotion, plus encore ses mouvements inimitables, ses sanglots, ses larmes, sa colère, son désespoir, sa fureur, tout enfin annonce, prouve le trouble, l'émotion de son âme. Ce n'est point un rêve, un cauchemar ; les apparitions sont réelles ; devant lui se déroule une série d'événements, représentée par des figures, des signes qu'il saisit, dont il se repaît ; tantôt gai, tantôt rempli de tristesse, à mesure que les tableaux de l'avenir passent sous ses yeux. Bientôt même c'est le délire de l'emportement ; il veut saisir le signe ; il plonge en lui un regard terrible ; puis enfin il s'élance, il frappe du pied le cercle charbonné, la poussière s'en élève et l'opérateur s'approche pour mettre fin à ce drame rempli d'émotions et de terreur. Pour un instant, on craint que le voyant n'exerce sur l'opérateur un acte de violence, car il le saisit brusquement par la tête et l'étreint avec force ; quelques paroles affectueuses et les procédés magnétiques apaisent, calment l'âme du voyant et font rentrer dans leur lit ces courants vitaux débordés. On entraîne dans une pièce voisine l'expérimenté, mais avant qu'il ait repris entièrement ses sens, on lui ôte le souvenir de ce qu'il a vu et l'on achève de le calmer. Il ne lui reste bientôt qu'une douleur dans la partie supérieure du crâne, qui disparaît d'elle-même au bout d'une demi-heure [1]. »

Le baron Dupotet, qui, dans la plupart de ses ouvrages, avait professé les doctrines les plus matérialistes, tourné en ridicule l'hypothèse des esprits et repoussé l'intervention du démon dans les phénomènes magnétiques, est revenu complètement sur ses pas. D'abord il expliquait tout par la magie, et à ses yeux il y avait de la magie jusque dans le plus petit fait magnétique. Pressé par nous, dit M. de Mirville, d'expliquer ce qu'il entendait par *magie,* il répondait : *les causes occultes* [2].

Enfin dans son livre intitulé : *La magie dévoilée,*

---

(1) Baron Dupotet, *Journal du magnétisme,* 20 novembre 1852.
(2) De Mirville, *Des esprits,* t. I, p. 287.

il s'exprime d'une manière plus claire encore. « Nous voici arrivés à la partie secrète des œuvres de la magie. Jusqu'ici, nous avions toujours refusé de nous expliquer sur les principes, nous allons divulguer et montrer à découvert le mécanisme de toute production magique.... Il y a autour de nous, dans l'espace, un agent différent de toutes les forces connues.... On va voir la *force spirituelle* domptant, dominant la force physique, donner lieu aux faits miraculeux.... Je ne croyais pas au diable, mais je le dis sans réserve, mon scepticisme a fini par être vaincu. »

Puis il ajoute dans un autre endroit, en s'adressant à son lecteur : « Qui que tu sois, prends garde en lisant cet écrit ! Ne le médite point, si ton caractère est indécis ; souviens-toi qu'en raison de ce que tu agis sur les êtres au moyen d'une force cachée, il doit en résulter une sorte d'engagement, de consentement de ton esprit, qui sera lié à la chose faite et dont il ne pourra se dégager facilement (1). »

C'est ce qu'écrivait aussi à M. de Saulcy, dit M. de Mirville, un crayon séducteur, dans une expérience de spiritisme qui, comme on le sait, n'est qu'une variante de l'hypnotisme : « Veux-tu.... veux-tu t'engager....? Si tu le veux, signe ton nom au-dessous du mien. — Et quand j'aurai signé, que m'en arrivera-t-il ? — Après, répondait le crayon tentateur, tu m'appartiendras esprit, âme et corps (2). »

---

(1) Dupotet, *La magie dévoilée*, p. 157.
(2) De Mirville, *Des esprits*, t. II, p. 411.

« Tous les somnambules qu'on laisse libres dans la crise, dit Deleuse, se disent éclairés et assistés par un être qui leur est inconnu [1]. » Nous avons déjà vu que le docteur Bertrand parle absolument de même et affirme que la plupart attribuent leurs connaissances à une voix qui se fait entendre au fond de leur épigastre [2]. »

§ 11.

Sibylles et hypnotiques.

Enfin un des signes donnés par tous les théologiens pour reconnaître l'intervention du démon dans un acte quelconque, c'est le mauvais effet qui en résulte en dernière analyse. Satan est essentiellement méchant, et si, en apparence, il semble faire quelque bien, c'est qu'il espère en retirer un beaucoup plus grand mal. Nous avons déjà vu combien l'hypnotisme était dangereux pour la santé et pour les mœurs. Il ne faut pas croire que le sommeil magnétique soit toujours un sommeil calme et paisible, il est très souvent accompagné et suivi de convulsions effroyables. Les malades se roulent par terre avec une telle force qu'on a toutes les peines du monde à les maintenir, et il faut bien le faire, car la plupart du temps ils veulent absolument se jeter par la fenêtre ou se briser la tête contre les murs ou contre

[1] DELEUSE, *Histoire critique du magnétisme*, t. I.
[2] BERTRAND, *Du somnambulisme*, p. 233.

un objet dur quelconque. Quand on examine attentivement cet état, il est impossible de n'être pas
frappé du rapport qu'il y a entre l'état des hypnotisés et celui des prêtresses du paganisme, qui, au
jugement de tous les commentateurs, étaient certainement possédées du démon, lorsque la présence du
dieu se faisait sentir. Virgile nous en a laissé une curieuse description, au VIᵉ livre de l'*Enéide*. Quand
Enée veut consulter la sibylle, elle commence par
lui ordonner d'immoler sept jeunes taureaux et un
pareil nombre de brebis choisies (1). Chose étonnante et qui montre que l'origine des prescriptions
diaboliques remonte aux temps les plus anciens, et
qu'elles étaient connues de tous les magiciens! Quand
Balac, roi de Moab, fait venir Balaam pour maudire
les Israélites, le magicien lui ordonne de dresser sept
autels pour immoler sept jeunes taureaux et autant
de béliers (2). Ainsi, chez les peuples les plus différents,
on trouve les mêmes rites et les mêmes cérémonies
pour les évocations, et ces prescriptions s'étaient
transmises, de génération en génération, jusqu'au
temps de Virgile.

« Après avoir accompli les sacrifices prescrits,
Enée arrive à l'entrée de l'antre de la sibylle; aussitôt

---

(1)   Nunc grege de intacto septem mactare juvencos
Præstiterit, totidem lectas de more bidentes.
                                                    (Enéide, VI, 38.)

(2) Dixitque Balaam ad Balac : Ædifica mihi hic septem aras
et para totidem vitulos, ejusdemque numeri arietes. *(Nombres*,
ch. xxiii, v. 1.)

la prêtresse s'écrie : « Il est temps de consulter l'oracle, voici le dieu, voici le dieu : *deus, ecce deus*. En prononçant ces paroles, ses traits s'altèrent, son visage change de couleur, ses cheveux se hérissent, son sein se soulève, la fureur transporte son esprit, sa taille semble grandir, et quand le dieu l'anime de son souffle puissant, il n'y a plus rien de mortel dans sa voix.... La sibylle s'agite dans son antre, sa bouche est écumante. Jusqu'à ce qu'enfin le dieu la rende docile à ses inspirations (1). » N'est-ce pas là la peinture exacte d'une hypnotisée prise de convulsions, que cinq ou six personnes robustes ont peine à maintenir et qui se calme instantanément à la voix de l'opérateur?

§ 12.

Conclusions pratiques.

De cet ensemble de faits il résulte, ce nous semble, que l'hypnotisme n'est qu'une variété de ces manifestations démoniaques dont on peut suivre l'histoire à travers les âges.

Il est vrai que, dans les commencements, beaucoup de gens, très recommandables d'ailleurs, n'aperçurent

---

(1)   Ventum erat ad limen, cùm virgo : Poscere fata
Tempus, ait : deus, ecce deus. Cui talia fanti
Ante fores, subito non vultus, non color unus,
Non comptæ mansère comæ ; sed pectus anhelum,
Et rabie fera corda tument ; majorque videri,
Nec mortale sonans ; afflata est numine quando
Jam propiore dei...

(Enéide, VI, 45.)

pas toute la portée de cette science nouvelle.... Il y a un demi-siècle, la plupart des catholiques n'ajoutaient aucune créance aux phénomènes hypnotiques, et quand on leur en parlait, ils se contentaient de lever les épaules et de traiter tout cela de charlatanisme et de jongleries. Aujourd'hui, cette incrédulité dédaigneuse n'est plus de mise. Comme dit le docteur Charcot : « Quant à ceux qui les nient à l'heure qu'il est, en présence de l'évidence des faits, le scepticisme que quelques-uns semblent affecter encore ne saurait être considéré que comme un scepticisme purement arbitraire, masquant à peine le parti pris de ne rien entendre et de ne rien voir. »

A la même époque, des théologiens renommés, tels que S. E. le cardinal Gousset et Mgr Bouvier, évêque du Mans, ne voyant dans le sommeil magnétique que des effets naturels produits par une cause naturelle, ne croyaient pas devoir condamner ceux qui, de bonne foi, avec une intention droite, recouraient au magnétisme pour obtenir la guérison ou le soulagement de certaines maladies, pourvu, disaient-ils, que ni l'opérateur ni le patient ne se permettent rien qui puisse blesser la vertu, la modestie et la pudeur, et qu'ils renoncent à toute intervention du démon, implicite ou explicite. Ils appuyaient leur doctrine sur une réponse donnée par la Sacrée Congrégation de l'Inquisition le 24 avril 1840, et reproduite par la Sacrée Pénitencerie le 4 août 1856 : *Remoto omni errore, sortilegio, explicita aut implicita dæmonis invocatione, usus magnetismi, nempè merus actus adhibendi media physica, aliundè licita, non est moraliter vetitus....* Comme l'Eglise n'a pas encore tranché définitivement la question, nous n'oserions pas condamner ceux qui croiraient pouvoir suivre l'opinion émise par ces éminents théologiens.

Toutefois il nous paraît difficile de la soutenir aujourd'hui, parce que, comme le dit le savant professeur de Saint-Sulpice : « Si certains phénomènes hypnotiques sont d'ordre purement naturel, comme il est difficile de les distinguer des autres, auxquels ils confinent et auxquels ils conduisent, j'en conclus que la pratique de l'hypnotisme est toujours suspecte et dangereuse, même lorsqu'elle n'est pas intrinsèquement mauvaise. »

Au reste, sur ce point les médecins sont d'accord avec les théologiens. Si les théologiens réprouvent l'hypnotisme, au point de vue de la morale et de la religion, les médecins ne le condamnent pas moins sévèrement au point de vue de la santé. D'après le docteur Gilles de la Tourette, il n'y a qu'un seul cas où il soit permis de recourir à l'hypnotisme, c'est quand il s'agit de prévenir une crise hystérique chez une personne évidemment atteinte d'une maladie nerveuse. « En dehors de cela, dit-il, il est médicalement interdit, sous peine de voir se développer une foule d'accidents beaucoup plus graves que ceux qu'on entreprendrait de guérir, d'hypnotiser les sujets qui ne présentent pas les symptômes de l'hystérie bien confirmée.... Un médecin consciencieux refusera toujours toute hypnotisation à une personne supposée saine, venant demander à être endormie, comme le fait se présente souvent, dans le but unique de satisfaire sa curiosité ou de savoir si elle est hypnotisable. »

« L'hypnotisme doit être assimilé à un agent médicamenteux; il ne viendra jamais à l'idée d'un médecin de droguer un individu en bonne santé. Pour ce qui est des malades, il ne devra hypnotiser que ceux qui présentent des phénomènes nerveux tels que ceux que l'on risque de produire soient inférieurs en gravité aux symptômes actuels. Il vaut mieux vivre en paix avec de légers troubles hystériformes que de s'exposer à la révélation des accidents les plus tenaces de la névrose, les crises convulsives en particulier, que des hypnotisations ultérieures ne pourront pas toujours faire disparaître (1). »

Ce qui achève de nous rendre l'usage de l'hypnotisme suspect, c'est que tous les hommes qui ont étudié cette question sans parti pris : théologiens, physiologistes, médecins, magnétiseurs même, reconnaissent et affirment qu'il n'y a aucune différence essentielle entre le magnétisme et l'hypnotisme, qu'ils procèdent des mêmes causes et produisent les mêmes effets. « Ils ne voient, dit M. Grandclaude dans le *Canoniste contemporain* (2), ils ne voient dans l'hypnotisme qu'un développement, une nouvelle phase du magnétisme, ou plutôt de ce mouvement des sciences occultes qui, dans ces derniers

---

(1) GILLES DE LA TOURETTE, *L'hypnotisme*, p. 209.
(2) M. GRANDCLAUDE, *Le canoniste contemporain*, 1er mai 1887.

temps, a commencé par le mesmérisme pour aboutir à l'hypnotisme et au pur spiritisme. D'où nous
tirons cette conclusion, c'est que les condamnations
prononcées par les Sacrées Congrégations du Saint-
Office et de la Pénitencerie atteignent en plein
l'hypnotisme. C'est en vain que pour échapper à
cette conséquence, quelques écrivains catholiques,
mais plus ou moins imbus du naturalisme contemporain, ont voulu établir une distinction entre
l'hypnotisme et le magnétisme, il est aujourd'hui de
notoriété publique que tous les phénomènes produits
précédemment par le magnétisme le sont par l'hypnotisme; il est certain que la fin de ces procédés
prestigieux n'est pas différente; il est manifeste enfin
que l'on peut constater, de part et d'autre, les
mêmes degrés successifs dans les phénomènes, et s'il
y a quelque chose de nouveau dans la dernière forme
de la démonologie contemporaine, c'est l'aggravation
des phénomènes præternaturels ou un renchérisse-
ment sur les effets obtenus à l'époque antérieure par
le seul magnétisme.... Si donc il y a une différence,
au point de vue de la moralité, entre le magnétisme et
l'hypnotisme, elle consistera uniquement dans le degré plus pervers, l'aspect plus diabolique de celui-ci.
Aussi ne pourrions-nous partager le sentiment de
ceux qui croient pouvoir tolérer les pratiques de cette
triste superstition, quand il n'y a rien d'extérieu-
rement immoral dans le mode de procéder (1). »

---

(1) M. Grandclaude, *Le canoniste contemporain*, p. 178.

On ne sera donc pas étonné si les théologiens les plus autorisés de nos jours regardent l'hypnotisme comme illicite et le rejettent comme une œuvre diabolique.

Si l'on en croit un publiciste, il y a actuellement à Paris plus de cinq cents cabinets somnambuliques dont le personnel est au complet et qui, à proportion de leur renommée, font souvent payer très cher leurs consultations (1). Il n'y a pas longtemps, une somnambule extralucide qui, par une idée bizarre et qui n'est pas rare, paraît-il, voulait allier les pratiques de la piété avec sa profession de *médium*, avouait à un religieux que son cabinet lui rapportait plus de cinquante mille francs chaque année et que, n'ayant pas d'autre fortune, elle ne pouvait pas le quitter. Or, que va-t-on demander à ces somnambules? Des choses qu'il est absolument impossible de connaître par des moyens naturels : la description d'une maladie interne, la connaissance d'un secret, la révélation d'une chose cachée, la découverte d'un trésor, l'état actuel d'une personne éloignée, les affections intimes d'une autre, etc., questions qui ne peuvent être résolues que par une intervention extranaturelle. Aussi le P. Perrone, ne voyant dans l'ensemble des pratiques du magnétisme animal, du somnambulisme et du spiritisme que la restauration des superstitions païennes et de l'empire du démon, déclare qu'une personne prudente et instruite ne peut, sans péché, non seulement approuver, favoriser, pra-

---

(1) Gilles de la Tourette, *op. cit.*, p. 392.

tiquer ces expériences, mais même les autoriser par
sa présence (1).

Concluons :

L'hypnotisme est dangereux ;

L'hypnotisme est immoral ;

L'hypnotisme est antichrétien.

Tous les hommes sages répudieront cette science
détestable, les uns par prudence, les autres par
conscience, les troisièmes par religion.

On ne verra plus une foule abusée courir à ces
représentations théâtrales si dangereuses pour la santé
publique où, dit le docteur Gilles de la Tourette, « un
docteur, sévèrement vêtu de noir, cravaté de blanc,
se livre sur son sujet, habillé en prêtresse d'Apollon,
à une série d'expériences qui lui valent les bravos
enthousiastes de la foule d'imbéciles qui ont amené
à ce spectacle répugnant leurs femmes et leurs filles,
comme si l'hystérie ne se développait pas suffisamment par les provocations de tous les jours (2). »

Nous serions heureux si cette *Etude* sur l'hypnotisme pouvait contribuer à amener un résultat aussi
désirable.

P. S. — Au moment où nous venions de revoir les
épreuves de cette *Etude* avant de donner le *bon à
tirer*, nous avons reçu une lettre d'un professeur de
sciences dans un grand établissement, que nous n'a-

---

(1) P. Perrone, *De virtutibus*, t. II, p. 314 et 351 ; éd. 1865.
(2) Gilles de la Tourette, *L'hypnotisme au point de vue mé-
dico-légal*, p. 442.

vons pas l'honneur de connaître et qui nous demandait des renseignements sur la guérison d'une jeune
fille d'Alençon, complètement aveugle depuis deux
ans et subitement guérie à Lourdes, au mois d'août
dernier. Puis il ajoutait :

« Seriez-vous assez bon pour vouloir bien m'autoriser à faire paraître dans notre journal votre remarquable travail sur l'hypnotisme? Parmi les médecins
surtout, nous avons quelques enthousiastes.

» Pickmann a donné ici plusieurs séances. J'assis-
tai à deux. Je pris part à la première activement dans
les expériences d'autohypnotisme, de recherche des
objets, les yeux bandés.

» La seconde fois, j'y fus avec une médaille de
saint Benoît dans la main. Il n'a pu réussir une *seule*
expérience. Il est venu rôder autour de moi, préten-
dant que la cause était de mon côté. Il a même fait
expulser mon voisin. »

Il paraît que ce n'est pas la première fois que pareil fait se produit. Il serait bien à désirer qu'on
renouvelât cette expérience et qu'on en constatât le
résultat d'une manière authentique. Ce serait une
preuve irréfragable de l'intervention diabolique dans
la plupart des opérations hypnotiques. En attendant,
disons que le savant professeur qui nous atteste ce
fait est un homme du monde, père de famille et
jouissant d'une grande considération dans la ville où
il habite. Son témoignage nous paraît donc du plus
grand poids.

20 octobre 1889.

APPENDICES

APPENDICE A

MESMER

« Pour se faire accepter, Mesmer avait besoin de prestiges et d'appareils mystérieux ; aussi ne les épargnait-il pas. L'appartement où il convulsionnait ses malades était de l'élégance la plus recherchée. Dans la salle magnifiquement décorée où le traitement avait lieu, il ne régnait qu'un demi-jour ; on y respirait les parfums les plus exquis, et on y entendait une musique délicieuse. Au milieu de la salle, on voyait une table ronde qui formait le couvercle d'une caisse circulaire faite de bois de chêne, élevée d'un pied et demi et ayant six pieds de diamètre. Cette caisse ou cette cuve était ce qu'on nommait le baquet en termes de l'art. De la circonférence partaient des cordes et des tiges de fer coudées et mobiles en tous sens. Autour du baquet étaient les malades, ayant chacun une des cordes passées autour du corps et tenant à la main une des tiges métalliques, qu'ils appliquaient à la partie douloureuse [1]. »

» La merveilleuse invention du baquet servit au delà de toute mesure les intérêts du docteur magnétisant. Mesmer plaçait, dit Figuier, ses malades par groupes de dix à quinze personnes, auxquelles il administrait collectivement la panacée de ses gesticulations salutaires. L'affluence fut dès lors très considérable à l'hôtel de la place Vendôme. On n'était jamais certain d'y trouver place qu'autant qu'on avait eu la précaution de faire retenir d'avance un baquet pour soi et pour ses amis. On choisissait d'avance ses partenaires et ses vis-à-vis pour l'expérience magnétique. Quand on avait ainsi retenu sa place, on allait trouver ses amis et on leur disait : « Serez-vous des nôtres ce soir, *j'ai mon baquet.* »

Ceux qui se soumettent pour la première fois à cette opération n'éprouvent presque rien, mais ceux qui ont déjà été magnétisés un certain nombre de fois et qui ont été à diverses reprises *remués par l'agent de la nature,* comme disait Mesmer, se montrent immédiatement soumis à sa puissance. Alors la scène s'anime. On crie, on pleure, on rit, on s'endort, on s'évanouit ; sur tous les bancs circulaires, ce sont mille gestes bizarres, mille attitudes diverses, effrayantes ou grotesques.

« Mesmer préside à toutes ces scènes, il en règle les variations et les progrès ; soit que retiré et assis

_____

[1] *Biographie universelle,* édit. Henrion, art. Mesmer.

dans un coin de la salle, il fasse entendre les sons
pénétrants et suaves de son *harmonica;* soit que debout et éblouissant sous son habit lilas et son jabot
de Malines, il promène sur ses sujets des regards
fascinateurs; soit qu'il circule à pas mesurés autour
du baquet magique, distribuant ses secours à qui en
a besoin, présentant à celui-ci la pointe de sa baguette, à celui-là ses doigts pour activer le mouvement d'un fluide trop paresseux. Non seulement il
est l'enchanteur suprême qui distribue le charme,
mais c'est par lui que va s'accomplir le grand mystère du magnétisme animal.

» Les patients entrent en *crise,* c'est-à-dire dans
une violente attaque de nerfs. Les femmes, toujours
les plus sensibles à tous les magnétismes du monde,
présentent les premières ces nouveaux symptômes qui
s'ajoutent aux précédents. Ce sont des gémissements
douloureux, accompagnés de torrents de pleurs. Les
jambes fléchissent, les corps se renversent, se cris-
pent, puis se relèvent par des mouvements tétaniques.
Des joies soudaines éclatent, joies plus attristantes
que les cris de douleur; on se cherche, on se fuit, on
s'embrasse avec délire, on se repousse avec horreur.
Les plus jeunes femmes sont en proie à une fureur
démoniaque. Mesmer saisit à bras-le-corps les plus
endiablées et les emporte dans une pièce voisine.

» Cette pièce, appelée la *salle des crises* ou l'*enfer
aux convulsions,* a été préparée pour sa destination
spéciale, c'est-à-dire *soigneusement matelassée.* Les
énergumènes qu'on y abandonne peuvent s'y livrer

impunément à leurs plus frénétiques ébats; leurs corps bondissants ne retombent que sur des coussins moelleux; leurs membres et leurs têtes ne vont battre que contre des murs rembourrés de tentures épaisses et convenablement ouatées.

» C'est de là qu'elles sortaient guéries, leur disait-on, mais en réalité plus épuisées, et où quelques-unes demandaient à rentrer tout aussitôt, insatiables de fluide et préférant la crise à la guérison. Ne se passait-il rien d'inconvenant? Figuier, à qui nous empruntons cette description, paraît en douter, et Bailly, dans le rapport secret destiné uniquement au roi Louis XVI, a reconnu et signalé le danger que la pratique du magnétisme peut avoir pour les mœurs (1). »

L'invention du baquet servait à merveille les intérêts pécuniaires de Mesmer, qui se montra toujours très avide; elle lui rapportait en moyenne huit mille livres par mois. Il avoue lui-même qu'en dehors de ses traitements, il gagnait beaucoup par les consultations qu'on lui demandait. « C'était une mine d'or, écrit-il, l'argent affluait de tous côtés, et du train dont les choses allaient, je ne saurais que faire de mon argent, si j'avais continué cet excellent métier (2). »

De concert avec le docteur Deslon qu'il s'était associé, il s'était établi dans un vaste bâtiment, nommé l'hôtel Bullion, où il prenait des pensionnaires à dix louis par mois. Mesmer et Deslon ne se bornaient pas

---

(1) FIGUIER, *Histoire du merveilleux*, t. III, p. 52.
(2) MESMER, *Précis historique*, p. 193.

à magnétiser dans cette somptueuse clinique ; chacun opérait encore dans son logement particulier, et accidentellement dans les divers lieux où les cures pouvaient avoir un retentissement favorable à leur renommée. Mesmer avait établi un baquet gratuit pour les pauvres ; mais comme beaucoup n'y pouvaient trouver place à cause de la foule qui se présentait, il prépara, à l'extrémité de la rue de Bondy, un arbre qui produisait le même effet. Des milliers de malades, dans ce populeux quartier du faubourg Saint-Martin, venaient s'attacher à cet arbre, avec une foi robuste et de bonnes cordes, et ils attendaient leur guérison, chacun dans la posture que ses infirmités lui permettaient de prendre.

« Mais peu à peu il en résulta aussi ce que l'on pourrait appeler l'*épidémie des baquets*. Une foule d'amateurs, persuadés qu'ils avaient deviné le secret de Mesmer, ou se fiant à des indiscrétions de valets, se mirent à lui faire ce genre de concurrence et ne laissèrent pas de trouver des chalands. D'autres, moins ambitieux et n'ayant en vue que leur propre guérison, se faisaient établir, dans leurs appartements, de petits baquets magnétiques, où ils se régénéraient, sans trouble, dans une béatitude solitaire. On cite de respectables douairières, d'illustres guerriers, de jeunes et jolies femmes et de vieux procureurs, qui passaient ainsi des journées entières, assis auprès de leur baquet.

» La fortune de Mesmer était faite, ou du moins bien avancée ; mais son ambition avait grand. avec le succès, il voulait faire adopter sa découverte par le gouvernement. Pour contre-balancer l'effet produit par ses démêlés avec les membres de la Faculté de médecine, qui le traitaient de charlatan, il crut que le meilleur moyen de leur répondre, c'était de frapper les esprits par quelques cures retentissantes : c'est à quoi il s'appliqua sans retard. Parmi les guérisons qui firent alors le plus de bruit fut celle du fils du banquier Kornmann. Cet enfant, âgé de dix ans, avait des taches dans les yeux et on le croyait menacé de perdre la vue. Mesmer le magnétisa, et non seulement les taches oculaires disparurent, mais une sorte de guérison morale suivit la guérison physique. M. de Puységur affirme que cet enfant, qui était aigre et acariâtre pendant sa maladie, devint doux et caressant après le traitement magnétique; ses mouvements furent vifs, précis et gracieux.

» Mesmer et Deslon, voulant profiter de l'admiration universelle, crurent le moment favorable de s'adresser directement au roi. Mais après plusieurs tentatives inutiles, Mesmer, feignant d'être rebuté par les obstacles et la mauvaise volonté qu'il rencontrait autour de lui, manifesta hautement son intention de quitter la France, et il signifia à ses malades que son départ était fixé au 15 avril 1781. Cet ultimatum frappa d'une véritable consternation tous ces infortunés, qui, ne croyant plus à la médecine ordinaire, avaient une foi absolue dans le magnétisme. La reine Marie-Antoinette, à qui son compatriote avait été recommandé, chargea une personne de confiance de lui dire qu'elle trouvait de l'inhumanité dans le projet d'abandonner ses malades et qu'il ne devait pas quitter la France de cette manière [1]. »

Mesmer avait atteint son but. Quelques jours après, un des ministres de Louis XVI, les uns disent M. de Maurepas, les autres disent M. de Breteuil, fit appeler Mesmer et lui proposa, de la part du roi, vingt mille livres de rente viagère et dix mille livres pour le loyer d'une maison convenable pour établir une clinique magnétique. Le roi le dispensait en outre de tout examen par les médecins de la Faculté, lui laissait le choix de ses élèves et demandait seulement qu'il admit parmi ses auditeurs trois savants désignés par le gouvernement. Au grand étonnement de ses partisans et au grand scandale de son ami Deslon, qui était présent à l'entrevue, Mesmer refusa avec hauteur des offres si honorables pour lui, et au mois d'août, il se rendit à Spa, accompagné de quelques fidèles, du banquier Kornmann, encore tout ému de la guérison de son enfant, et d'un jeune avocat, nommé Bergasse, qui, souffrant d'une affection congéniale, était entré chez Mesmer à raison de dix louis par mois, dans l'attente d'une guérison qu'on lui faisait toujours espérer et qui n'arrivait jamais.

« Deslon, dit Grimm dans sa correspondance, crut devoir consoler Paris du départ de son maître, en formant un établissement du traitement mesmérien. Il était jeune, il était beau, il était spirituel, il avait

(1) MESMER, *Précis historique*, p. 201.

fait de sa maison un véritable et délicieux Eden. La salle où il traitait ses malades était tapissée de gazon et rafraîchie par des fontaines jaillissant au milieu de fleurs et d'arbustes du choix le plus rare et du parfum le plus exquis ; tandis que tout un orchestre, caché derrière un massif de feuillage, exécutait des symphonies propres à émouvoir les fibres les plus rebelles. Deslon eut bientôt le plaisir de se voir une nombreuse et puissante clientèle de gens dont l'ennui et la satiété avaient flétri les organes, et qui venaient chercher des convulsions à raison de dix louis par mois. »

Fort de son appui, Deslon osa provoquer une troisième assemblée de la Faculté de médecine, qui lui avait déjà retiré son titre de régent et qui confirma sa sentence tout d'une voix. Deslon en appela au Parlement, et en attendant l'issue de cette affaire, continua à magnétiser à grands courants, laissant complètement dans l'ombre son maître et son ami, dont il n'était plus question.

A la nouvelle de ce qui se passait, Mesmer s'écria qu'il était ruiné, perdu pour jamais, qu'il ne lui restait plus qu'à s'en aller mourir dans quelque solitude obscure, sans fortune et sans gloire, et peut-être calomnié par celui qui venait de le trahir.

Pour le consoler, Kornmann et Bergasse conçurent le plan d'une souscription à raison de cent louis par tête, pour assurer la fortune de Mesmer et le mettre en état de publier le plus tôt possible sa doctrine et sa découverte. Mesmer approuva ce projet de sous-

cription, et Bergasse se donna tant de mouvement
pour la faire réussir, qu'en peu de temps il réunit et
au delà le nombre fixé de cent sociétaires, et que Mesmer toucha de ce chef plus de deux cent quarante
mille livres.

Il s'était hâté de revenir à Paris, où un ami commun s'efforça de le réconcilier avec Deslon. Mais après
une trêve de quelques jours, ils se séparèrent de nouveau et continuèrent à magnétiser chacun de leur
côté. Il serait difficile de se figurer tout ce que Mesmer fit alors pour émerveiller le public, ranimer l'enthousiasme de ses élèves, écraser son concurrent,
reprendre l'empire du magnétisme animal et ramener
à lui la vogue qui semblait vouloir lui échapper. Ce
fut alors qu'il opéra, coup sur coup, deux guérisons
qui firent beaucoup de bruit. La première fut celle de
Court de Gébelin, l'auteur du *Monde primitif*, dont
quarante années de travaux et de veilles avaient
épuisé les forces et réduit le corps au plus déplorable état. Un ami l'engagea à se soumettre au traitement magnétique de Mesmer. Après avoir fait
quelques difficultés il s'y décida enfin, et voici comment il raconte lui-même sa guérison : « Le lendemain de la visite de M. Mesmer, mon ami m'oblige
de m'habiller et de m'emballer, sous son escorte,
dans une brouette, ne pouvant monter en voiture.
Je vais donc chez M. Mesmer, le soulier en pantoufle,
la culotte lâche sur le genou et le visage jaune comme
un coing. Chacun est étonné de me voir en cet état.
M. Mesmer me félicite de mon courage ; et moi,

qui n'éprouve dans cette séance ni froid ni chaud, ni
émotion ni commotion, de rire et de dire : que me
fera tout cela? Mais le lendemain matin, je puis
chausser mon soulier, mettre deux boutons à ma culotte, à côté du genou; dans deux ou trois jours je
n'ai plus de douleur, plus de soif.... Bientôt mes pieds,
glacés depuis vingt-cinq ans, sont gonflés, moites,
chauds; tous les calus, tous les cors aux pieds ont
disparu ; la peau est rajeunie ; j'ai des pieds de quinze
ans : j'en suis d'autant plus réjoui que je ne m'y attendais pas. Tels sont les effets du magnétisme animal à mon égard ; aussi lui suis-je tout dévoué (1). »
Et dans son enthousiasme, Court de Gébelin ne parlait de rien moins que d'exterminer la race des médecins et des apothicaires.

Quoique plus contestable que celle de Court de
Gébelin, la guérison du P. Hervier fit encore plus de
bruit. C'était un moine Augustin que ses talents ora-
toires avaient mis en grand crédit et qui s'était pas-
sionné pour le magnétisme, auquel il était, disait-il,
redevable de la santé, et dont il ne parlait qu'avec
enthousiasme en toutes circonstances. Un jour qu'il
prêchait dans la basilique de Saint-André de Bordeaux et dépeignait les horreurs de l'enfer, une jeune
fille se trouva mal au banc du parlement et tomba en
convulsions. Le P. Hervier descend de la chaire, va
droit à la jeune fille, la magnétise et calme cette crise

(1) Lettre de M. Court de Gébelin à M. Maret, secrétaire de
l'Académie de Dijon, 28 mai 1783.

nerveuse. Puis, remontant en chaire, il parle éloquem-
ment de la charité de Jésus-Christ guérissant les malades par attouchement, et enfin il termine son sermon
par une moquerie foudroyante du clergé de Bordeaux
qui ne croyait pas au magnétisme et ne demandait pas
mieux que de persécuter un pauvre moine Augustin.
A la suite de cette sortie inconvenante, le P. Hervier
fut obligé de quitter Bordeaux et de rentrer à Paris,
où peu de temps après il fut interdit par l'archevêque
à cause de ses excentricités.

« Mais un des actes les plus éclatants et les plus
audacieux de Mesmer fut la publication de la liste
des cent premiers membres fondateurs de la *Société
de l'Harmonie*. Il est probable qu'il n'avait pas obtenu
leur assentiment avant de faire connaître leurs noms
à toute l'Europe. Sur cette liste figuraient des personnages appartenant à la plus haute aristocratie ou aux
grades supérieurs de l'armée. Un des noms qui frap-
pèrent le plus fut celui du célèbre médecin Cabanis,
inscrit sous le numéro 10 de cette liste, véritable livre
d'or du magnétisme animal. Le mesmérisme en reçut
un relief ineffaçable [1]. »

A ce moment-là, il n'y avait pas de prodige dont
les enthousiastes de Mesmer ne fussent disposés à le
croire capable. Un chansonnier, nommé Watelet, épicurien moitié artiste, moitié grand seigneur, s'était
moqué de Mesmer ; celui-ci, en réponse à ses attaques,
lui prédit qu'il ne passerait pas l'hiver. Watelet, nar-

[1] FIGUIER, *Histoire du merveilleux*, t. III, p. 75 et suiv.

guant cette prédiction, déposa chez le concierge de
Mesmer l'épigramme suivante :

Docteur, tu me dis mort ; j'ignore ton dessein,
Mais je dois admirer ta profonde science :
Tu ne prédirais pas avec plus d'assurance
Quand tu serais mon médecin.

Or, quelques semaines après cette bravade, Watelet mourait bel et bien. Tous les admirateurs de
Mesmer assistèrent à l'enterrement du chansonnier,
dont la mort fit une grande impression sur l'esprit
du public parisien.

Ce fut alors que le gouvernement nomma la commission dont nous avons parlé, pour examiner la réalité et l'efficacité du magnétisme animal. Le rapport
de la commission fut complètement défavorable, tant
sous le rapport scientifique que sous le rapport moral.
Ce rapport et quelques échecs qu'il éprouva au château de Beaubourg et dans sa propre clinique, firent
comprendre à Mesmer que son temps était passé et
que son règne était fini. Aussi ne s'occupa-t-il plus
qu'à tirer tout l'argent possible de sa découverte, et
il le fit avec tant d'âpreté qu'il choqua jusqu'à ses
plus chauds partisans.

Mesmer quitta la France en 1785 et se rendit d'a-
bord en Angleterre, où il ne fit qu'un séjour de
quelques semaines, qu'il employa exclusivement à
rédiger des libelles contre ses anciens amis. Il ne reparut plus en France qu'à de longs intervalles et
presque toujours *incognito*. Virey dit l'avoir vu à Paris
en 1793, dans une des plus fatales journées de la

tourmente révolutionnaire, le jour de l'exécution de l'infortuné Bailly, qui, neuf ans auparavant, avait fait le célèbre rapport sur le magnétisme. On rapporte, à cette occasion, un trait qui fait honneur à Mesmer. Pendant qu'on conduisait Bailly à l'échafaud, un homme se trouva sur son passage, et seul, au milieu d'une populace ivre de fureur ou muette d'effroi, il se découvrit et s'inclina respectueusement. Cet homme était Mesmer [1]. Après avoir voyagé en Italie et en Allemagne, Mesmer se retira dans son pays natal. Il y passa dans l'opulence les dernières années de sa vie et mourut en 1815, à l'âge de quatre-vingt-un ans.

APPENDICE B

MARQUIS DE PUYSÉGUR

Le marquis de Puységur et ses deux frères avaient été des premiers à entrer dans la société formée par Bergasse et Kornmann, avec l'assentiment de Mesmer.

Le plus jeune des trois, Chastenet de Puységur, était officier de marine. Il avait, pendant quelque temps, suivi les cours de Mesmer, sans trop de foi d'abord, et peut-être même dans l'intention de s'en

[1] FIGUIER, Histoire du merveilleux, t. III, p. 237.

moquer. Ayant néanmoins été guéri, par le magnétisme, d'une maladie dont il était atteint depuis plusieurs mois, il prit quelque confiance dans cette découverte et tenta lui-même sur d'autres personnes
quelques expériences qui réussirent.

Quand il fut de retour à Brest, où l'appelait son service militaire, un médecin de cette ville, qui avait
entendu parler de la nouvelle méthode, vint le prier
d'en faire l'essai sur une dame pour laquelle on avait
épuisé toutes les ressources de l'art ; M. de Chastenet
la guérit. Ce fait est constaté par le premier et le second médecin de la marine, docteurs régents de la
faculté de Paris, et par les chirurgiens-majors présents à l'opération.

Dès ce moment, le magnétisme animal monta à
bord de la flûte du roi *le Frédéric-Guillaume*, que
commandait M. de Chastenet. Aidé des autres officiers,
instruits par ses leçons, il fit de son vaisseau un
immense baquet où les mâts, les voiles, les cordages,
tout était magnétisé. Le journal du bord constate de
nombreuses guérisons opérées par ces moyens [1].

Le comte Maxime de Puységur, mestre de camp en
second du régiment de Languedoc, se signala à
Bayonne par des exploits non moins éclatants. Pendant un exercice qu'il commandait, un de ses officiers
tomba frappé d'un coup de sang. Tous les secours qui
lui furent administrés ayant été inutiles, M. de Puységur le magnétisa sur le champ de manœuvre et en

---

[1] FIGUIER, *Histoire du merveilleux*, t. III, p. 241.

présence des troupes formées en carré. Le succès fut complet. Dans un rapport qu'il adressa quelque temps après à M. l'abbé de Poulouzat, conseiller au parlement de Bordeaux, il déclare avoir guéri soixante malades, qui ont reconnu par certificats lui devoir la santé. Ne pouvant recevoir chez lui tous les malades de Bayonne et des environs, qui se rendaient à son traitement, il les magnétisait sous les arbres du bastion de Saint-Étienne. L'hiver venu, les PP. Augustins, reconnaissants de ce qu'il avait guéri le P. Bory, un de leurs religieux, âgé de soixante-quinze ans et paralysé de la moitié du corps, lui cédèrent une salle de leur couvent, où les élèves qu'il avait formés continuèrent le traitement après son départ.

L'aîné des trois frères, le marquis de Puységur, est de beaucoup le plus célèbre dans l'histoire du magnétisme. Il s'était mis à magnétiser, dans son domaine de Buzancy, les malades des environs, qui accoururent bientôt en si grand nombre que, ne pouvant suffire à les toucher tous individuellement, il magnétisa un vieil orme qu'il chargea de le remplacer auprès de ses nombreux clients. Autour du tronc de l'arbre, le marquis enroula une corde dont l'extrémité servit à relier entre eux les malades, assis sur des bancs disposés en cercle autour de l'arbre. Ceux qui arrivaient après la formation de la chaîne montaient sur des chaises, et, saisissant l'extrémité des basses branches, recevaient à même les émanations du fluide salutaire. Ce qu'il y avait de plus caractéristique pour les malades de cette heureuse chaîne, c'est qu'ils n'avaient pas de convulsions comme au baquet de Mesmer, ou du moins, tout ce qui pouvait y ressembler était passager et à peine sensible.

Le marquis de Puységur était dans l'enchantement. « Je continue, écrivait-il à son frère de Chastenet, le 17 mai 1784, à faire usage de l'heureux pouvoir que je tiens de M. Mesmer, et je le bénis tous les jours, car je suis bien utile et j'opère bien des effets salutaires sur tous les malades des environs ; ils affluent autour de mon arbre ; il y en avait ce matin plus de cent trente. C'est une procession perpétuelle dans le pays ; j'y passe deux heures tous les matins ; mon arbre est le meilleur baquet possible ; il n'y a pas une feuille qui ne communique de la santé ; chacun y éprouve plus ou moins de bons effets, vous serez charmé de voir le tableau d'humanité que cela représente. Je n'ai qu'un regret, c'est de ne pouvoir pas toucher tout le monde ; mais mon homme, ou pour mieux dire, mon *intelligence*, me tranquillise. Il m'apprend la conduite que je dois tenir ; suivant lui, il n'est pas nécessaire que je touche tout le monde, *un regard*, *un geste*, UNE VOLONTÉ, c'en est assez ; et c'est un paysan, le plus borné du pays, qui m'apprend cela. Quand il est en crise, je ne connais rien de plus profond, de plus prudent, de plus *clairvoyant*. J'en ai plusieurs autres, tant hommes que femmes, qui approchent de son état, mais aucun ne l'égale, et cela me fâche ; car mardi prochain, adieu mon conseil, cet homme n'aura plus besoin d'être touché ; et certes, aucune curiosité ne m'engagera à me servir de lui sans le but de sa santé et de son bien; si vous voulez le voir et l'entendre, arrivez donc au plus tard dimanche. »

Cet homme qui servait au marquis de Puységur de *médecin consultant*, était un paysan, nommé Victor, âgé de vingt-trois ans. Atteint d'une fluxion de poitrine, il reçut la visite de M. de Puységur, qui le magnétisa. Mais quelle ne fut pas la surprise du charitable marquis, quand il le vit, sans convulsions ni douleurs, tomber dans un sommeil paisible, puis se mettre à parler et s'occuper de ses affaires. M. de Puységur remarqua ensuite qu'il pouvait à volonté diriger ses pensées, lui faire croire qu'il assistait à une fête, qu'il dansait ou se livrait à des exercices d'adresse. Dans l'état se :nambulique, Victor connaissait et dictait ce qui convenait non seulement à lui-même, mais aux autres malades, grâce au rapport établi entre lui et son magnétiseur.

« Ce n'est plus un paysan niais, écrivait M. de Puységur à la *Société de l'Harmonie*, le 8 mai 1784, sachant à peine répondre une phrase, c'est un être que je ne sais pas nommer; je n'ai pas besoin de lui parler; je pense devant lui, et il m'entend, me répond. Vient-il quelqu'un dans la chambre, il le voit, si *je veux;* lui parle, lui dit les choses que *je veux* qu'il lui dise, non pas toujours telles que je les lui dicte, mais telles que la vérité l'exige. Quand il veut dire plus que je ne crois prudent qu'on n'en entende, alors *j'arrête ses idées, ses phrases* au milieu d'un mot, et *je change son idée* totalement. »

Au bout de deux mois, le marquis de Puységur fut obligé d'interrompre ses expériences à Buzancy pour rejoindre son régiment à Strasbourg; mais son départ ne fut pas un échec pour le magnétisme. Il magnétisa dans son régiment; il magnétisa dans les autres corps de la garnison, initia plusieurs militaires à sa pratique et jeta, dès cette époque, les fondements de la *Société de l'Harmonie* de Strasbourg, la plus célèbre et la plus nombreuse qui ait existé en France et dans toute l'Europe.

Le marquis de Puységur, qui d'abord avait embrassé, avec une ardeur généreuse, les principes de la révolution française, recula bientôt devant les excès auxquels elle aboutit vers la fin de 1792. S'étant démis de son grade dans l'armée, il se retira dans sa terre de Buzancy, où il n'eut plus d'autre ambition que celle de reprendre les paisibles travaux de son apostolat magnétique. Pendant le consulat, l'empire et les premières années de la restauration, il publia plusieurs ouvrages et plusieurs mémoires sur le magnétisme.

« En 1825, malgré son âge et quelques infirmités, il voulut assister au sacre de Charles X, et, suivant le privilège de sa famille, pendant que le roi était à Reims, camper dans le parc, sur les bords de la Vesle. L'humidité de ce lieu lui donna la fièvre; le surlendemain du sacre, il tomba gravement malade à Soissons, et il demeura vingt-quatre heures sans connaissance. S'étant trouvé un peu mieux, il témoigna le désir de retourner à Buzancy, mais comme il était

rop faible pour supporter la voiture, Mme de Puységur fit demander quelques hommes de bonne volonté pour le transporter. Tout le village, hommes et
femmes, vinrent le chercher; chacun se disputant
l'honneur de rendre ce service à celui qui avait été
si longtemps l'appui, le bienfaiteur, le père de tous les
malheureux. Il rendit le dernier soupir le 1er août 1825,
à l'âge de soixante-quatorze ans (1). »

———◇———

APPENDICE C

CAGLIOSTRO

« Le 19 septembre 1780, arrivait à Strasbourg un
personnage dont la renommée publiait, depuis longtemps déjà, les prodiges les plus étonnants. Aussi, dès
le matin, une foule de gens s'étaient portés à sa rencontre, et, debout sur le pont de Kehl, ils devisaient
sur cet homme qui guérissait les malades par un
simple attouchement et qui, au lieu de les exploiter
comme Mesmer, leur prodiguait en abondance des
secours de toute espèce, pour eux et pour leur famille. On racontait les longs voyages en Asie, en
Afrique, en Europe, du comte Cagliostro, qui possé-

(1) Foissac, *Rapports et discussions sur le magnétisme animal;*
Figuier, *Histoire du merveilleux,* t. III ; Cullerre, *Magnétisme et
hypnotisme.*

dait toutes les sciences humaines et parlait toutes les
langues. On parlait des richesses immenses qu'il
avait amassées, en changeant en or les vils métaux.
Pour les uns, c'était un saint, un inspiré, un prophète
qui avait le don des miracles. Pour les autres, toutes
les cures qu'on lui attribuait devaient s'expliquer naturellement comme le résultat de sa vaste science.
Un troisième groupe, et ce n'était pas le moins nombreux, ne voyait en lui qu'un génie infernal, un
diable expédié en mission sur la terre. Ce à quoi
d'autres répondaient que puisqu'il ne faisait que du
bien aux hommes, ce devait être un bon génie. Or il
avait fait dire et proclamé lui-même, répétait-on,
qu'il était venu en Europe pour convertir les incrédules et relever le catholicisme ; que Dieu lui avait
donné le pouvoir d'opérer des prodiges et qu'il avait
de fréquents entretiens avec les anges (1).

» Des entretiens avec les anges ! s'écria un vieillard qui, sans appartenir à aucun groupe, avait recueilli et médité silencieusement tout ce qui s'était
dit jusque-là ; des entretiens avec les anges !.... Mais
quel est donc l'âge de cet homme ? — L'âge de
notre père Adam ou celui de M. le comte de Saint-
Germain, lui répondit un de ses voisins, en le persi-
flant ; je vous trouve plaisant, mon bonhomme, avec
votre question. Est-ce qu'il y a un extrait de baptême
pour de pareils personnages? Sachez qu'ils n'ont au-

(1) FIGUIER, *Histoire du merveilleux*, t. IV, p. 11. C'est de cet
ouvrage que nous avons tiré la plus grande partie de cette notice.

cun âge, ou qu'ils ont toujours celui qu'il leur plaît
d'avoir. On dit que M. le comte de Cagliostro a plus
de trois mille ans, mais qu'il n'en paraît guère que
trente-six. — Trente-six ans ! Mais, se dit tout bas
le vieillard ; mon coquin aurait à peu près cet âge : il
faut absolument que je voie cet homme. »

Pendant ces colloques, l'homme si curieusement
attendu était arrivé au pont de Kehl, au milieu d'un
nombreux cortège de laquais et de valets de chambre,
en livrées magnifiques. Il étalait le luxe d'un prince
et savait d'ailleurs en prendre l'air et la dignité. Sa
belle stature et sa haute mine, relevées par un costume
de la plus bizarre magnificence, sa nombreuse suite
et le grand train qu'il menait dans ses voyages, atti-
raient naturellement sur lui tous les yeux et dispo-
saient les esprits à une admiration idolâtre. A côté de
lui, dans une voiture découverte, Séraphine Feliciani,
sa femme, brillait de tous les charmes de la jeunesse
et de la beauté. L'entrée de Cagliostro dans Strasbourg fut un véritable triomphe. Elle fut à peine
contrariée par un incident qui n'eut d'autre suite que
de faire éclater tout d'abord la puissance du *grand
Cophte* ou sa merveilleuse habileté dans l'emploi de
la ventriloquie.

Au moment où le cortège était arrivé à la hauteur
du pont de Kehl, un cri partit du milieu des groupes,
et presque aussitôt un vieillard en sortit ; il se précipita au-devant des chevaux, et, arrêtant la voiture,
il s'écria : « C'est Joseph Balsamo, c'est mon
coquin ! » Et l'apostrophant avec colère, il répétait ces

mots : *Mes soixante onces d'or! Mes soixante onces d'or!*

Le grand Cophte parut calme : à peine songea-t-il à jeter un coup d'œil sur cet agresseur téméraire; mais au milieu du silence profond que cet incident avait produit dans la foule, on entendit distinctement ces paroles, qui semblaient venir du haut des airs : « Écartez du chemin cet insensé que les esprits infernaux possèdent ! »

La plupart des assistants tombèrent à genoux, terrifiés par l'imposant aspect de ses traits; les autres s'emparèrent du pauvre vieillard, qui fut entraîné, et rien ne troubla plus l'entrée triomphale du grand Cophte au milieu de la ville en fête.

Le cortège s'arrêta devant une grande salle où se trouvaient déjà tous les malades que les émissaires de Cagliostro avaient recrutés d'avance. On assure que le fameux empirique guérit tous ceux qui étaient rassemblés dans cette salle, les uns par le simple attouchement, les autres par des paroles, ceux-ci par le moyen d'un pourboire en argent, ceux-là par son remède universel, l'*élixir vital*. Lorsque Cagliostro sortit de la salle des malades, les acclamations et les bénédictions de la foule l'accompagnèrent jusqu'à l'hôtel splendide qui lui était préparé et dans lequel il allait produire d'autres merveilles, tout à fait analogues à ces phénomènes de magnétisme transcendant qui préoccupent si fort les esprits aujourd'hui.

Pour ce genre de manifestations, Cagliostro ne pouvait opérer que par l'intermédiaire d'un jeune garçon ou d'une jeune fille, qu'il appelait ses colombes, et qui jouaient le rôle de nos *médiums* actuels. Les *colombes* ou les *pupilles* de Cagliostro devaient être de la plus pure innocence. Ces enfants, choisis par lui, recevaient d'abord de ses mains une sorte de consécration ; puis ils prononçaient, devant une carafe pleine d'eau, les paroles qui évoquent les anges. Bientôt les esprits célestes se montraient pour eux dans la carafe. Aux questions qui leur étaient faites, les anges répondaient quelquefois eux-mêmes et d'une voix intelligible, mais le plus souvent ces réponses arrivaient écrites dans la carafe, à fleur d'eau, et n'étaient visibles que pour les colombes, qui devaient les lire au public.

Le soir même de son arrivée, Cagliostro reçut à une table somptueusement servie, l'élite de la société de Strasbourg, à laquelle il donna ensuite une séance de ses *colombes*. D'après le témoignage de témoins oculaires, il se passa dans cette séance des choses si extraordinaires, que plusieurs dames effrayées se retirèrent avant la fin. Ainsi, sur l'invitation de Cagliostro, qui annonça qu'on pouvait faire toute espèce de questions, plusieurs personnes adressèrent des demandes auxquelles il fut répondu à l'instant, d'une manière précise. Un magistrat, qui doutait encore, envoya secrètement son fils à sa maison pour savoir ce que faisait en ce moment sa femme, puis, quand il fut parti, le père adressa cette question au grand Cophte. La carafe n'apprit rien ; mais une voix mystérieuse, qui n'était produite par aucun organe visible et qui jeta la terreur dans une partie de l'assemblée, annonça que la dame jouait aux cartes avec deux voisines. Quelques instants après, le fils du magistrat rentra et confirma l'exactitude de la réponse.

Pendant près de trois ans que Cagliostro demeura à Strasbourg, il se vit recherché et fêté par les plus grandes notabilités de la noblesse, de la magistrature, de l'Eglise et de la science. Ce fut là qu'il vit pour la première fois le cardinal de Rohan, alors évêque de cette ville, dont il capta facilement l'amitié et la confiance, et avec lequel il fut impliqué plus tard dans la fameuse affaire du *collier*.

Vers le milieu de 1783, Cagliostro quitta Strasbourg et fit une courte excursion en Italie. Il vint ensuite à Bordeaux, où il résida près d'une année, puis à Lyon, où il ne resta que trois mois ; enfin il se rendit à Paris, au mois de janvier 1785. Recommandé dans les termes les plus flatteurs par MM. de Miroménil et de Vergennes et par le marquis de Ségur, il reçut le meilleur accueil. Dès les premiers jours de son arrivée, il avait déclaré aux personnes de sa connaissance qu'il ne voulait plus s'occuper de médecine, et que son intention était de vivre tranquille dans la maison qu'il avait louée sur le boulevard du Temple, à l'extrémité de la rue Saint-Claude. Mais il fut bientôt obligé de céder aux sollicitations des malades pauvres qui imploraient ses secours. Il les traitait gratuitement. Il allait même visiter dans leurs taudis les plus infirmes et ne les quittait jamais sans leur laisser quelque argent. A l'égard des gens titrés ou ayant quelque importance dans le monde, il se montrait très difficile et ne consentait à les voir qu'après avoir été plusieurs fois appelé par eux.

Désarmée par tant de discrétion, de réserve et de désintéressement, la Faculté de médecine de Paris, qui s'était montrée si hostile contre Mesmer, se contenta d'émettre des doutes sur les guérisons attribuées à Cagliostro et de protester mollement contre l'illégalité de ses moyens de médication. D'ailleurs une cure éclatante, opérée par Cagliostro, vint consolider sa réputation et faire le désespoir de la médecine officielle.

Un des frères du cardinal de Rohan, le prince de Soubise, était dangereusement malade, et tous les médecins avaient déclaré qu'il était dans un état désespéré. Le cardinal, qui avait vu Cagliostro à Strasbourg et qui avait en lui une confiance illimitée, le pria avec instance de voir son frère et le conduisit lui-même à l'hôtel de Soubise, annonçant un médecin, sans le nommer d'ailleurs. Comme la Faculté avait déclaré le malade perdu, la famille laissa faire. Cagliostro demanda à rester seul quelque temps avec le malade : tout le monde se retira.

Que fit Cagliostro ainsi renfermé avec le prince? Le magnétisa-t-il à outrance, ou se mit-il lui-même en état de somnambulisme? C'est ce qu'on n'a jamais su. Toujours est-il qu'après une heure consacrée à un examen ou à des préliminaires dont il garda le

secret, il appela le cardinal et lui dit : « Si l'on suit
mes prescriptions, dans deux jours M⁰ le prince de
Soubise quittera ce lit et se promènera dans cette
chambre ; dans huit jours il sortira en carrosse ;
dans trois semaines il ira faire sa cour à Versailles. »
Il fit ensuite prendre au malade dix gouttes d'un liquide contenu dans une petite fiole qu'il avait avec
lui. « Demain, dit-il, nous donnerons au prince cinq
gouttes de moins ; après-demain il ne prendra que
deux gouttes de cet élixir, et il se lèvera dans la
soirée. »

L'événement dépassa ses prédictions. Le second
jour qui suivit cette visite, le prince de Soubise se
trouvait en état de recevoir quelques amis. Dans la
soirée, il se leva, fit le tour de sa chambre, causa
assez gaiement et revint s'asseoir dans un fauteuil.
Il se sentit même assez en appétit pour demander
une aile de poulet; mais quelque instance qu'il fît
pour l'obtenir, on dut la lui refuser, la diète absolue
étant une des prescriptions du médecin encore inconnu, qui faisait de telles merveilles. Dès le qua-
trième jour, le malade était en pleine convalescence.
Mais ce ne fut que le lendemain, dans la soirée,
qu'il lui fut octroyé de manger, enfin, son aile de
poulet.

Personne, dans l'hôtel de Soubise, ne savait encore
que Cagliostro était le médecin anonyme qui donnait
ses soins au prince. On ne le nomma qu'au moment
de la guérison, et ce nom, déjà si fameux, ne fut plus
dès lors pour personne celui d'un charlatan. Quelques

jours après, deux cents carrosses stationnaient sur
toute la longeur de la rue Saint-Claude, devant la
porte de Cagliostro. Dans le peuple, dans la bourgeoisie, chez les grands et surtout à la cour, l'admiration alla pour lui jusqu'au fanatisme. Son portrait
était partout, sur les tabatières, sur les bagues et
jusque sur les éventails des dames. Son buste était
taillé en marbre et coulé en bronze. On ne l'appelait
que le *divin* Cagliostro.

C'est qu'en arrivant à Paris Cagliostro s'était posé
comme un être extraordinaire, comme un thaumaturge revêtu des plus grands pouvoirs. En cette
qualité, dit Figuier, il fit d'assez grands miracles ou
d'assez grands tours pour éclipser un moment toute
célébrité contemporaine. On racontait qu'il faisait
paraitre dans des miroirs, sous des cloches de verre
ou dans des carafes, non pas seulement des personnes absentes, mais les personnes mêmes, des
spectres animés et se mouvant, et même plusieurs
morts qu'on lui avait désignés. Cette évocation de
morts illustres était le spectacle ordinaire qu'il donnait à ses convives, dans des soupers qui faisaient
grand bruit à Paris.

Abusant du mystère dont il enveloppait sa nais-
sance et sa vie, il se donnait un âge fabuleux qu'il
était impossible de calculer. Un jour qu'on le pres-
sait, chez la comtesse de Brionne, de s'expliquer sur
l'origine d'une existence si surprenante et si mystérieuse, il répondit en riant : « Tout ce que je puis
vous dire, c'est que je suis né au milieu de la mer

Rouge et que j'ai été élevé sous les ruines d'une pyramide d'Egypte; c'est là qu'abandonné de mes parents, j'ai trouvé un bon vieillard qui a pris soin de moi; je tiens de lui tout ce que je sais (1). »

On raconte que parcourant un jour la galerie des tableaux du Louvre, il s'arrêta devant la magnifique *Descente de croix* de Jouvenet, et se prit à pleurer. Quelques personnes présentes s'enquirent avec intérêt de la cause de sa douleur. « Hélas! répondit Cagliostro, je pleure la mort de ce grand moraliste, de cet homme si bon, d'un commerce infiniment agréable et auquel j'ai dû de si doux moments. Nous avons dîné ensemble chez Ponce-Pilate. — De qui parlez-vous donc? interrompit M. de Richelieu stupéfait. — De Jésus-Christ, je l'ai beaucoup connu. » Parfois même, se lassant de n'être qu'immortel, grâce à sa recette pour la régénération physique, qu'il avait, disait-il, plusieurs fois expérimentée, il voulait faire croire à son éternité, et, usurpant les paroles de l'Ecriture, il disait de lui-même : *Ego sum qui sum :* Je suis celui qui est.

Il avait un valet ou un intendant qui le secondait à merveille par son silence mystificateur, et qui, lorsqu'il se décidait à parler, était au moins de la force de son maître. Un jour, à Strasbourg, M. d'Hannibal, seigneur allemand, le saisit par l'oreille, et d'un ton moitié goguenard, moitié furieux : « Ma-

---

(1) *Correspondance littéraire, philosophique et critique de Grimm et de Diderot,* année 1785.

raud, dit-il, tu vas me dire, cette fois, l'âge véritable
de ton maître ! » Notre homme de prendre alors
une mine réfléchie et concentrée, et, un instant après,
comme un vieillard qui vient de fouiller profondément
dans sa mémoire :

« Ecoutez-moi bien, Monsieur, répondit-il, je ne
saurais vous donner l'âge de M. le comte ; cela m'est
inconnu. Il a toujours été pour moi ce qu'il est pour
vous, jeune, gaillard, buvant sec et dormant fort.
Tout ce que je puis vous dire, c'est que je suis à son
service depuis la décadence de la république romaine ;
car nous sommes tombés d'accord sur mon salaire,
précisément le jour où César périt assassiné dans le
Sénat. »

Et ce qu'il y a de plus étonnant en tout cela, et ce
qui montre toute l'aberration des esprits à cette
époque, c'est que toutes les excentricités que se permettait Cagliostro sur son âge et son origine ne lui
faisaient rien perdre de son crédit. « Pourrait-on
croire, dit un auteur, que chez la nation la plus civi-
lisée, la plus spirituelle de l'Europe ; au moment
même où les œuvres de Voltaire, de Rousseau, de
Diderot, etc., avaient fait des philosophes dans toutes
les classes et jusque parmi les laquais ; au moment
même où la plus petite modiste de Paris se croyait
éclairée par les lumières du xviiie siècle ; pourrait-on
croire, dis-je, que chez ce peuple si instruit, des personnes distinguées aient donné une aveugle croyance
au charlatanisme de Mesmer et de Cagliostro ! »

Peut-être n'aurait-on jamais pénétré le mystère

dont s'environnait Cagliostro, sans un procès qu'il eut à soutenir à Rome sur la fin de sa vie et dans le cours duquel furent dévoilées son origine et une partie de ses aventures. Le moment est venu, ce nous semble, de les faire connaître à nos lecteurs.

Nous avons vu que le jour où Cagliostro était entré à Strasbourg, un vieillard s'était jeté à la tête de ses chevaux, en criant : « C'est Joseph Balsamo, c'est mon coquin ! » Le vieillard ne se trompait pas. C'était bien Joseph Balsamo, né à Palerme, le 8 juin 1743, de Pierre Balsamo et de Félicia Braconieri, honnêtes marchands, très bons catholiques et veillant avec un soin particulier à l'éducation de leurs enfants. Les heureuses dispositions pour l'étude que montra de bonne heure le jeune Balsamo engagèrent ses parents à le placer au collège de Saint-Roch de Palerme. Mais chez lui, l'esprit d'indépendance et d'aventures était aussi précoce que l'intelligence. Plusieurs fois il s'enfuit du séminaire, où sa conduite indisciplinée lui attirait de trop fréquentes corrections. On le rattrapa un jour au milieu d'une bande de petits vagabonds. Joseph avait alors treize ans ; il devenait urgent de prendre un parti à son égard. On le confia, sous bonne et sévère recommandation, au Père général des *Bonfratelli*, qui l'emmena av. . lui dans un couvent de cet ordre, aux environs de Cartagirone, promettant d'en faire un moine.

Arrivé dans le couvent, Joseph Balsamo endossa en effet l'habit de novice ; ce qui lui était plus facile que d'en prendre l'esprit. Ayant été remis à la garde de l'apothicaire du couvent, il parut s'accommoder assez bien de ses relations avec ce frère et apprit de lui les principes de la chimie et de la médecine. Il profita si bien des leçons de ce maître qu'en peu de temps il se trouva en état de manipuler les drogues avec une sagacité étonnante. Mais il ne tarda pas à donner encore dans cette maison de nouvelles marques de son caractère vicieux, et un jour qu'il était condamné à une sévère punition pour un énorme scandale qu'il avait donné, il y échappa en sautant par-dessus les murs du couvent. Après avoir erré dans la campagne pendant quelques jours, il retourna à Palerme, où il mena une vie tout à fait licencieuse. C'est là qu'il rencontra Marano.

Marano était un Sicilien, descendant d'une famille juive ou moresque, et qui exerçait à Palerme la profession d'orfèvre. Avare, usurier, et en cette qualité fort défiant, mais superstitieux et crédule à l'excès pour les choses qui flattaient ses instincts cupides, il avait souvent entendu parler d'un jeune Sicilien dont la vie était pleine de mystère et qui passait pour être doué de pouvoirs surnaturels. On l'avait vu souvent évoquant les esprits, et dans Palerme, chacun tenait pour avéré qu'il avait commerce avec les anges et qu'il obtenait, par leur intermédiaire, la révélation des secrets les plus intéressants.

Marano prêtait une oreille attentive à ces récits; il lui tardait singulièrement de voir l'*ami des esprits célestes*. L'ayant donc attiré dans sa maison, il lui dit : « Grâce à vos entretiens habituels avec les es-

prits célestes, il vous est facile de savoir pourquoi je
vous ai fait appeler, et vous n'auriez pas plus de
peine, ajouta-t-il avec un sourire plein de tristesse, à
me faire regagner tout l'argent que j'ai perdu avec de
faux alchimistes et même à m'en procurer bien davantage. — Je peux vous rendre ce service, répondit
Balsamo, si vous croyez. — Si je crois? Oh! certes je
crois! » s'écria l'orfèvre avec ferveur. Balsamo lui
donna rendez-vous pour le lendemain hors de la ville
et le quitta sans ajouter un mot.

Le lendemain, à six heures du matin, ils se trouvaient tous deux sur le chemin de la chapelle de
Sainte-Rosalie. Balsamo, sans rien dire, fit signe à
l'orfèvre de le suivre. Quand ils eurent marché pendant près d'une heure, ils s'arrêtèrent au milieu d'un
champ désert et devant une grotte. Balsamo étendant
la main vers cette grotte : « Un trésor existe,
dit-il, dans ce souterrain. Il m'est défendu de l'enle-
ver moi-même; je ne saurais le toucher ni m'en servir sans perdre ma puissance et ma pureté. Il repose
sous la garde des esprits infernaux. Cependant ces
esprits peuvent être enchaînés un moment par les
anges qui répondent à mon appel. Il ne reste donc
qu'à savoir si vous répondez scrupuleusement aux
conditions qui vont vous être énoncées. A ce prix le
trésor peut vous appartenir. — Que je sache seulement ce qu'il faut faire! s'écria avec impétuosité le
crédule orfèvre, parlez donc vite! — Ce n'est pas
de ma bouche que vous devez l'apprendre, interrompit Balsamo; mais d'abord, à genoux! »

Lui-même avait déjà pris cette posture; Marano se hâta de l'imiter; et tout aussitôt on entendit du haut du ciel une voix claire et harmonieuse prononcer les paroles suivantes, plus flatteuses pour le vieil avare que toutes les symphonies des chœurs aériens : « Soixante onces de perles, — soixante onces de rubis, — soixante onces de diamants, dans une boîte d'or ciselé du poids de cent vingt onces. Les esprits infernaux qui gardent ce trésor le remettront aux mains de l'honnête homme que notre ami présente, s'il a cinquante ans, s'il n'est point chrétien, si.... si.... si.... »

Venait alors le détail d'une série de conditions que Marano réunissait toutes. Aussi était-ce avec la plus vive joie qu'il les notait une à une jusqu'à la dernière inclusivement, laquelle était ainsi formulée : « ....Et s'il dépose à l'entrée de la grotte, avant d'y mettre le pied, soixante onces d'or en faveur des gardiens!.... »

« Vous avez entendu, » dit Balsamo, qui, s'étant déjà relevé, se remettait en marche sans paraître faire attention à la mine stupéfiée de l'orfèvre. — Soixante onces d'or! s'écria avec un soupir l'usurier, en proie aux plus vifs combats de la cupidité et de l'avarice. Mais Balsamo n'avait l'air d'écouter ni ses exclamations ni ses soupirs; il regagnait silencieusement la ville.

Marano, qui s'était enfin décidé à se relever, le suivait silencieusement aussi. Ils arrivèrent à l'endroit où ils s'étaient donné rendez-vous et où il avait été convenu qu'ils devaient se séparer avant de rentrer dans Palerme. C'était donc le moment pour Marano de prendre une résolution. « Accordez-moi un seul instant ! s'écria-t-il d'une voix piteuse, en voyant le jeune homme s'éloigner; soixante onces d'or ! Est-ce bien le dernier mot? — Mais sans doute, dit négligemment Balsamo, sans même interrompre sa marche. — Eh bien donc, à quelle heure demain? — A six heures du matin, au même endroit. — J'y serai. » Ce fut la dernière parole de l'orfèvre et comme le dernier soupir de son avarice vaincue.

Le lendemain, à l'heure convenue, ils se joignirent tous deux, aussi exacts que la première fois ; Balsamo avec son calme habituel et Marano avec son or. Ils s'acheminèrent vers la grotte. Les anges, consultés de la même façon que la veille, rendirent les mêmes oracles aériens. Balsamo parut alors étranger à ce qui allait se passer, et Marano déposa, non sans de grands combats intérieurs, soixante onces d'or à la place désignée.

Ce sublime effort accompli, il se prépara à franchir l'entrée de la grotte. Il fit quelques pas pour y entrer; mais il ressortit bientôt : « N'y a-t-il point de danger à entrer dans cet antre? — Non; si le compte d'or est fidèle. »

Il rentra avec plus de confiance, ressortit encore, et cela plusieurs fois sous les yeux de Balsamo, dont la figure exprimait l'indifférence la plus désintéressée. Enfin il s'encouragea lui-même et descendit si profondément pour le coup, que toute reculade devint impossible. En effet, trois diables, bien noirs et bien musclés, lui barrent le chemin en poussant des grognements formidables. Ils se saisissent de lui et le font longtemps pirouetter. Ce manège fini, les diables passent aux horions et aux gourmades. Le malheureux appelle en vain les anges gardiens de Balsamo, qui restent sourds, tandis que les gourmades des diables redoublent. Enfin, roué de coups, n'en pouvant plus, le juif tombe la face sur la terre et une voix bien intelligible lui intime l'ordre de rester là immobile et muet, avec la menace d'être achevé, s'il fait le moindre mouvement. Le malheureux n'avait garde de désobéir.

Lorsque Marano put reprendre ses sens, et quand l'absence de tout bruit lui donna le courage de lever la tête, il se traîna comme il put et parvint, en rampant, à gagner l'issue de cette terrible caverne. Arrivé au dehors, il regarde autour de lui. Plus rien! Les trois démons, Balsamo et l'or étaient partis de compagnie. Le juif alla le lendemain déposer sa plainte chez le magistrat; mais Balsamo avait déjà disparu de Palerme.

Ce fut là, pour l'un et l'autre, le point de départ d'une longue vie d'aventures bien différentes pour chacun d'eux. Balsamo, courant le monde sous les divers noms de comte Harat, comte Fénice, marquis d'Anna, marquis de Pellegrini, Zischis, Belmonte, Melissa, comte de Cagliostro, etc., s'instruisant et surtout s'enrichissant dans ses voyages, subjugue les grands et les petits par le prestige de ses œuvres et l'éclat de sa magnificence. Marano au contraire, bien

réellement ruiné, après la perte de ses soixante onces
d'or, et forcé de quitter aussi Palerme, va cacher sa
détresse à Paris, puis dans d'autres villes, où il bro-
cante misérablement parmi les juifs, jusqu'à ce que,
à vingt années d'intervalle, il vienne se trouver,
comme on l'a vu, aux portes de Strasbourg, en présence de son voleur, au moment où celui-ci arrive
dans la capitale de l'Alsace, vénéré comme un messie
et applaudi comme un triomphateur.

En quittant Palerme, Balsamo était parti pour Mes-
sine, où il se fit appeler le comte Cagliostro, du nom
d'une vieille tante décédée dans cette ville, quelques
jours avant son arrivée. C'est là qu'il fit la rencontre
d'un personnage étrange, dont il ne parle qu'avec respect et admiration, et qu'il appelle Altotas, médecin,
chimiste, magicien. Altotas était très capable de compléter une instruction scientifique déjà heureusement
ébauchée par le frère apothicaire du couvent de Cartagirone.

Altotas emmena Cagliostro, dont il avait fait son
disciple, et visita avec lui l'Egypte, différentes îles de
l'Archipel et les côtes de la Grèce. Grâce à ses connaissances chimiques, il réalisa des profits considérables dans des entreprises industrielles. Enfin ils
abordèrent à Malte. Le grand maître des chevaliers
de Malte était un personnage dans le genre du cardinal de Rohan, disposé à tout croire en fait de merveilleux. Il n'eut donc rien de plus pressé que de
livrer son laboratoire aux deux étrangers, qui se mirent à y travailler avec un impénétrable mystère.

Mais un jour, Altotas disparut subitement, sans qu'on ait jamais su ce qu'il était devenu. Ce n'était cependant pas un personnage imaginaire. L'Inquisition de Rome a recueilli de nombreuses preuves de son existence, sans avoir pu découvrir où elle a commencé ni où elle a fini.

Privé de son maître, dont il eut soin de s'approprier toute la fortune, Cagliostro prit congé du grand maître et se rendit à Rome, après avoir séjourné quelque temps à Naples, où il fit une certaine figure, grâce aux excellentes recommandations dont il était pourvu. A Rome, Cagliostro débuta par une conduite des plus édifiantes. On le vit fréquenter les églises, remplir ses devoirs de religion, hanter les palais des cardinaux. En peu de temps, il se fit dans la société romaine et étrangère une riche clientèle, à laquelle il débitait des spécifiques pour tous les maux.

Ce fut à cette époque que passant un soir sur la place de la Trinité des Pèlerins, devant le magasin d'un fondeur de bronze, il aperçut une charmante jeune fille. Lorenza Feliciani fit sur lui une telle impression que deux jours après, il la demandait en mariage à ses parents. Sa fortune apparente, son titre aristocratique et les belles relations qu'il avait dans la société romaine le présentaient comme un excellent parti aux yeux des Feliciani. Il fut donc agréé, et après la célébration du mariage, les deux époux demeurèrent dans la maison du beau-père.

Le témoignage de tous les biographes, amis ou ennemis de Cagliostro, est unanime pour affirmer que

Lorenza Feliciani n'était pas seulement jeune et belle,
mais encore riche de toutes les qualités du cœur,
tendre, dévouée, honnète et modeste, comme les parents qui l'avaient élevée. Quelles durent être sa
douleur et sa honte, quand son mari, dans leurs entretiens intimes, se mit à la railler sur ses principes
de vertu et à lui représenter le déshonneur d'une
femme comme un moyen de fortune. Lorenza, épouvantée de l'aveu de pareils sentiments, s'en plaignit
à sa mère, qui fit un esclandre et courut conter cette
infamie à son mari. Ce dernier entra en fureur à son
tour et mit Cagliostro à la porte de sa maison. Mais
Lorenza, par tendresse ou par devoir, ne voulut point
séparer son sort de celui de son époux. Malheureusement pour elle, elle ne tarda pas à adopter la morale de son mari.

Nous ne suivrons pas les deux époux dans leurs
nombreuses pérégrinations dans le Milanais, en Espagne, en Portugal, en France, en Angleterre, où ils
commettent tant et tant d'escroqueries qu'ils sont
souvent obligés de changer de nom et de passer d'un
pays dans un autre. Dans un voyage à Londres, il se
fit affilier à la franc-maçonnerie, qui était devenue en
Europe une puissance occulte d'une certaine efficacité. « C'est à cette époque, dit Figuier, que le charlatan, l'escroc vulgaire disparait tout à coup et fait
place au personnage qui va figurer, de la manière la
plus imposante, sur la scène du monde. Ici finit l'a-
venturier et commence l'homme véritablement extraordinaire. Son langage, son maintien et ses manières,

tout a changé chez Cagliostro. Ses discours ne roulent plus que sur ses voyages en Egypte, à la Mecque et dans d'autres contrées lointaines, sur les sciences auxquelles il a été initié au pied des Pyramides, sur les secrets de la nature que son génie a pénétrés. »

D'après une correspondance anglaise, imprimée à Strasbourg en 1788, il avait acheté, chez un libraire de Londres, un manuscrit qui paraissait avoir appartenu à un certain Georges Goston, qui traitait de la maçonnerie égyptienne, mais suivant un système qui avait quelque chose de magique et de superstitieux. Il résolut de former sur ce plan un nouveau rite de la maçonnerie, et c'est ce rite égyptien qui s'est propagé dans toutes les parties du monde et qui a tant contribué à l'étonnante célébrité de son auteur.

Le familier de l'Inquisition qui a écrit sa vie [1] suppose que les contributions des loges maçonniques étaient la principale source de l'or et de l'argent que Cagliostro semait partout sur son passage avec tant de profusion. « Nous croyons, dit Figuier, que c'est à cette opinion qu'il faut s'arrêter pour expliquer ses richesses dans la seconde partie de sa carrière. Il voyageait toujours en poste, avec une suite considérable. Les livrées de ses laquais, qu'il avait commandées à Paris, avaient coûté plus de vingt louis chacune [2]. »

---

[1] *Vie de Joseph Balsamo, connu sous le nom de comte Cagliostro,* extraite de la procédure instruite contre lui à Rome en 1790, traduite d'après l'original italien. 1 vol. in-8°, à Paris et à Strasbourg, 1791.

[2] Figuier, *Histoire du merveilleux,* t. IV, p. 95.

Ayant de nouveau quitté Londres, Cagliostro fit encore divers voyages et finit par arriver à Saint-Pétersbourg, où il se présenta comme médecin, et comme tel donna bientôt une preuve ou d'un art transcendant ou d'une diabolique audace. M. Jules de Saint-Félix, raconte ainsi cette aventure :

« L'enfant d'un grand seigneur était dangereusement malade. Il avait à peine un an. Bientôt les médecins déclarèrent qu'ils n'avaient plus d'espoir de le sauver. On parla de Cagliostro au comte et à la comtesse.... Il fut appelé ; l'enfant était à toute extrémité. Cagliostro examina le malade et promit hardiment de le rendre à la santé; mais à la condition qu'on transporterait chez lui cet enfant presque moribond. Les parents y consentirent avec peine ; mais ils ne voulurent pas renoncer à ce dernier moyen de sauver la vie à leur fils bien-aimé.

» Au bout de huit jours, Cagliostro vint déclarer à la famille que l'enfant allait mieux ; mais il continua à interdire aux parents toute visite. Au bout de quinze jours, il permit au père de voir son enfant quelques instants. Le comte, transporté de joie après sa visite au malade, offrit à Cagliostro une somme considérable ; celui-ci refusa, déclarant qu'il n'agissait que dans un but d'humanité et qu'il n'accepterait pas la moindre rémunération. Ce désintéressement et cette noblesse de sentiments excitèrent un enthousiasme universel à Saint-Pétersbourg. Quelques jours après, Cagliostro rendait l'enfant à ses parents dans le meilleur état de santé, frais et plein d'animation. Cette

noble famille était ivre de joie et de bonheur, elle
voulut être magnifique dans sa reconnaissance. Le
père offrit cinq mille louis, que Cagliostro refusa d'a-
bord avec une crânerie magnifique. On insista, il
devint moins féroce dans son refus ; on le pressa encore, et il souffrit que la somme fût apportée chez lui.
Elle y resta (1). »

Mais quelques jours s'étaient à peine écoulés qu'un
horrible soupçon entra comme un stylet dans le cœur
de la jeune mère. Il lui sembla qu'au lieu de son
propre enfant, on lui avait rendu un enfant étranger.
Ce ne fut qu'un doute, mais un doute qui était pour
elle le plus affreux des tourments. La mère ne sut
pas si bien le renfermer dans son âme qu'il ne s'en-
suivit une sourde rumeur qui parvint jusqu'aux
oreilles de la czarine. Celle-ci en profita pour expé-
dier le couple Cagliostro.

Catherine II avait été blessée au vif des attentions
de Potemkim, son favori, pour la belle Lorenza. Mais
trop fière pour vouloir paraître jalouse, elle fit venir
sa rivale, et après en avoir tiré tout ce qu'elle désirait
savoir, elle se leva tout à coup, et d'une voix qui
dissimulait mal son dépit : « Partez, dit-elle, je le
veux. On vous comptera vingt mille roubles pour
votre voyage. Mais, si demain vous n'êtes pas sur
la route de France, vous et votre mari, je vous pré-
viens que l'ordre de vous arrêter sera donné. On parle

(1) Jules DE SAINT-FÉLIX, *Aventures de Cagliostro.* In-18, Paris,
1855, p. 68-71.

d'un enfant substitué à un autre qui aurait disparu.... Je n'ai pas encore prêté l'oreille à ces rumeurs ; prenez garde, Madame, et partez, je vous le conseille.... **Je** vous l'ordonne. »

Cagliostro et Lorenza quittèrent donc précipitamment Saint-Pétersbourg, et après s'être arrêtés quelques jours à Varsovie et à Francfort, ils partirent pour Strasbourg, où ils firent cette pompeuse entrée dont nous avons parlé.

A Paris, il s'était donné pour un thaumaturge doué d'une puissance extraordinaire. Aux yeux du peuple, il passait pour avoir trouvé l'art de prolonger la vie au moyen de la pierre philosophale et pour guérir, par un simple attouchement, les malades qui réclamaient ses soins.

Au milieu de ces scènes prestigieuses, Cagliostro poursuivait une idée qui paraît avoir été le but de la seconde partie de sa vie. Depuis plusieurs années, il s'était fait le propagandiste zélé d'une maçonnerie nouvelle, dite *maçonnerie égyptienne*. Dans toutes les villes où il séjournait, il établissait des loges de ce rite ; il voulut fonder à Paris une loge mère, dont toutes les autres ne seraient que les succursales. Il eut bientôt des sectateurs, et des plus hauts titrés, auxquels il exposa un jour, avec une éloquence entraînante, les dogmes de la *franc-maçonnerie* égyptienne. A partir de ce moment, les initiations à la nouvelle franc-maçonnerie furent nombreuses, quoique restreintes à l'aristocratie de la société, et il y a des raisons de croire qu'elles coûtèrent fort cher aux grands personnages qui en furent jugés dignes, si l'on en juge par les conditions imposées à ceux qui aspiraient à devenir les grands dignitaires de l'ordre.

« Ils devaient être, dit Grimm dans sa *Correspondance*, purs comme les rayons du soleil et même respectés de la calomnie; n'avoir ni femmes, ni enfants, ni maîtresses, ni jouissances faciles; posséder une fortune au-dessus de cinquante-trois mille livres de rente, et surtout cette espèce de connaissances qui se trouvent rarement avec de nombreux revenus. »

Des femmes de qualité, qui avaient entendu parler des scènes mystérieuses et des *soupers d'outre-tombe* de la rue Saint-Claude, se sentirent prises, à leur tour, d'un désir ardent d'être initiées aux mêmes mystères. Elles sollicitèrent, à l'insu de leurs maris, la faveur de participer à ces séances fantastiques. La plus passionnée de toutes, la duchesse de T., fut choisie pour proposer, en leur nom, à Mme de Cagliostro, d'ouvrir pour elles un cours de magie où nul homme ne serait admis. Lorenza répondit avec sang-froid que ce cours commencerait dès que le nombre des aspirantes s'élèverait à trente-six. Dans la même journée, ce nombre fut complété. Elle fit connaître les conditions de son cours de magie, entre lesquelles était, pour chaque adepte, l'obligation de verser cent louis. Ces conditions acceptées, on fixa la séance au 7 août.

Il serait difficile d'imaginer quelque chose de plus honteux et de plus révoltant que ce qui se passa dans cette orgie féminine. Rien ne fait mieux connaître à quel état de corruption était descendue la haute société à la fin du xviiie siècle.

Cagliostro était à l'apogée de la fortune et de la renommée, quand il dut, un peu malgré lui, accepter un rôle dans la fameuse affaire du Collier. Lui, si audacieux, se trouva en face de gens qui, en fait d'audace, étaient encore plus forts que lui. Il serait trop long de raconter comment il fut mêlé dans cette affaire, à la suite de laquelle il fut arrêté le 16 août 1786, et conduit à la Bastille. Le 30 août, il passa en jugement devant le parlement de Paris réuni en séance solennelle. La cour estima qu'il avait joué en tout cela un rôle si effacé, qu'elle le déchargea de l'accusation et ordonna sa mise en liberté. Une multitude immense le ramena en triomphe de la Bastille à son hôtel et fit éclater sous ses fenêtres les démonstrations d'une joie frénétique, à tel point que pour calmer et dissiper la foule, Cagliostro crut devoir la remercier du haut de la terrasse de sa maison, lui promettant qu'un autre jour il lui ferait entendre sa voix.

Le gouvernement ne lui en donna pas le temps; le lendemain de sa délivrance, un ordre du roi lui enjoignait de quitter Paris dans les vingt-quatre heures. Il se retira à Passy, où il fut suivi par un grand nombre de ses sectateurs, parmi lesquels étaient plusieurs seigneurs de la cour, qui voulurent lui témoigner leur vénération profonde en faisant la garde deux à deux dans son appartement.

Mais tant d'honneurs et de respects ne lui faisaient pourtant pas oublier la Bastille; il était impa-
tient de quitter la France, et trois semaines après il
partait pour l'Angleterre. Son départ fut un deuil public, et au moment où il s'embarqua à Boulogne,
cinq mille personnes à genoux lui demandèrent sa
bénédiction.

Tel était le fanatisme que Cagliostro inspirait à
ses adeptes, qu'ils le regardaient comme un être divin. On en peut juger par quelques lettres qui lui
furent adressées à Londres et qui plus tard, à Rome,
tombèrent entre les mains des agents de l'Inquisition; nous n'en citerons que quelques extraits.

« Monsieur et maître, lui écrivait un de ses sectateurs le lendemain de son départ pour l'Angleterre,
on m'a donné la manière de vous faire parvenir les
hommages de mon respect; le premier usage que j'en
fais est de me jeter à vos pieds, de vous donner mon
cœur et de vous prier de m'aider à élever mon esprit
vers l'Éternel.... Daignez, ô mon souverain maître,
vous souvenir de moi, vous rappeler que je reste
isolé au milieu de mes amis, puisque je vous ai
perdu et que l'unique vœu de mon cœur est de me
réunir au maître tout bon, tout-puissant, qui seul
peut communiquer à mon cœur cette force, cette per-
suasion et cette énergie qui me rendront capable
d'exécuter sa volonté.... J'attendrai avec respect et
avec une égale soumission vos ordres souverains,
ô mon maître, et quels qu'ils puissent être, je les
remplirai avec tout le zèle que vous devez attendre

d'un sujet qui vous appartient et qui vous a juré sa foi et consacré son obéissance la plus aveugle. Daignez seulement, ô mon maître, ne pas m'abandonner, m'accorder votre bénédiction et m'envelopper de votre esprit ; alors je sens que je serai tout ce que vous voudrez que je sois....

» Avec tous les sentiments d'un cœur résigné et soumis, je me prosterne à vos pieds et à ceux de notre maîtresse.... Votre fils, sujet et dévoué à la vie et à la mort.

» Boulogne-sur-Mer, le 20 juin 1786. »

Voici une autre lettre où l'on fait part à Cagliostro de la consécration de la loge égyptienne de Lyon et où on le remercie d'avoir autorisé cette auguste cérémonie.

« Monsieur et maître, rien ne peut égaler vos bienfaits, si ce n'est la félicité qu'ils nous procurent. Vos représentants se sont servis des clefs que vous leur avez confiées ; ils ont ouvert les portes du grand temple et nous ont donné la force nécessaire pour faire briller votre grande puissance.

» L'Europe n'a jamais vu une cérémonie plus auguste et plus sainte ; mais, nous osons le dire, elle ne pouvait avoir de témoins plus pénétrés de la grandeur du dieu des dieux, plus reconnaissants de vos suprêmes bontés.

» Vos maîtres ont développé leur zèle ordinaire et ce respect religieux qu'ils portent toutes les semaines aux travaux intérieurs de notre loge. Nos compagnons ont montré une ferveur, une piété noble et soutenue, et ont fait l'éducation de deux frères qui

ont eu l'honneur de vous représenter. L'adoration
des travaux a duré trois jours, et par un concours remarquable de circonstances, nous étions réunis au
nombre de vingt-sept dans le temple ; sa bénédiction
a été achevée le 27, et il y a eu cinquante-quatre
heures d'adoration.

» Aujourd'hui, notre désir est de mettre à vos
pieds la trop faible expression de notre reconnaissance. Nous n'entreprendrons pas de vous faire le
récit de la cérémonie divine dont vous avez daigné
nous rendre l'instrument ; nous vous dirons seulement qu'au moment où nous avons demandé à l'Eter-
nel un signe qui nous fît connaître que nos vœux et
notre temple lui étaient agréables, tandis que notre
maître était au milieu de l'air, a paru, sans être
appelé, le premier philosophe du Nouveau Testament. Il nous a bénis après s'être prosterné devant la
nuée dont nous avons obtenu l'apparition, et s'est
élevé sur cette nuée dont notre jeune colombe n'a pu
soutenir la splendeur, dès l'instant qu'elle est descendue sur la terre.

» Les deux grands prophètes et les législateurs
d'Israël nous ont donné des signes sensibles de leur
bonté et de leur obéissance à vos ordres ; tout a con-
couru à rendre l'opération complète et parfaite, autant
qu'en peut juger notre faiblesse.

» Vos fils seront heureux si vous daignez les pro-
téger toujours et les couvrir de vos ailes ; ils sont encore pénétrés des paroles que vous avez adressées du
haut de l'air à la colombe qui vous implorait pour

elle et pour nous : « Dis-leur que je les aime et les aimerai toujours. »

» Ils vous jurent eux-mêmes un respect, un amour, une reconnaissance éternelle, et s'unissent à nous pour vous demander votre bénédiction. »

Dans une autre lettre, les maçons lyonnais écrivent au grand Cophte, absent, qu'il a paru dans leur loge, entre les prophètes Enoch et Elie. L'Inquisition a trouvé dans ses papiers plusieurs procès-verbaux des séances maçonniques, que lui avaient envoyés ses sectateurs. On rapporte dans ces procès-verbaux l'apparition de Cagliostro pendant les cérémonies du *travail* maçonnique (1).

Nous ne savons pour quels motifs Cagliostro quitta l'Angleterre, où il avait été reçu avec de grands honneurs, pour venir se fixer à Rome, en 1789. Là, il se livra à des menées révolutionnaires et à l'établissement de loges maçonniques. Il fut arrêté et décrété d'accusation. Après une instruction qui ne dura pas moins de dix-huit mois, il fut condamné à mort, conformément à la loi qui défendait, sous peine de mort, de se faire affilier ou d'assister aux assemblées des francs-maçons. Le pape Pie VI commua la peine de mort en une prison perpétuelle. Cagliostro fut renfermé au château Saint-Léon, dans le duché d'Urbin, où il mourut en 1795. Quant à Lorenza, elle fut enfermée dans un couvent, pour y faire pénitence le reste de sa vie.

(1) Figuier, *Histoire du merveilleux*, t. IV, p. 120 et suiv.

Personne ne s'étonnera de la place que nous avons donnée dans cet appendice aux choses extraordinaires opérées par Cagliostro, si l'on fait attention qu'on y trouve tous les phénomènes, toutes les variétés de prodiges et de faits merveilleux dont on fait tant de bruit aujourd'hui. Qu'il ait été un charlatan habile, qu'il ait été un artiste en fantasmagorie et en prestiges, cela nous paraît incontestable ; mais il n'est pas moins vrai que s'il fut un empirique comme Paracelse, appliquant, généralement avec bonheur, certaines préparations médicinales de l'effet le plus puissant, nous trouvons encore, et surtout en lui, dit Figuier, l'homme à la forte volonté, le grand magnétiseur, qui, à la vérité, ne parle d'aucun fluide, ne proclame jamais son art et se contente de produire des résultats qu'on est d'autant plus forcé d'admirer que la cause en demeure inconnue. Il guérit par l'imposition des mains ou par un simple attouchement ; il sait, par une suggestion toute mentale, communiquer une pensée, un désir, un ordre et procurer une vision aussi bien ou mieux que Puységur ne le fait à ses somnambules magnétiques, et avec cette différence bien frappante qu'il opère sur des sujets tout éveillés ou qui croient l'être. Il peut aussi déléguer aux personnes qui se mettent en rapport avec lui ou qu'il lui plaît *d'envelopper de son esprit*, le pouvoir de commander à sa place et de produire les mêmes phénomènes de suggestion par un pur mouvement de leur volonté.

Il lui arrivait souvent de faire des expériences sans

le secours du miroir ou de la carafe. Dans ce cas, il plaçait la pupille derrière un paravent qui représentait un petit temple. Il n'agissait pas seul, dit l'auteur de sa vie, il faisait agir à son gré tous les autres. Il était cependant nécessaire qu'auparavant il leur communiquât et qu'il transférât en eux le pouvoir que, disait-il, il avait reçu de Dieu. Ceux qui ont voulu se hasarder aux travaux sans son consentement et sans avoir reçu son pouvoir n'ont produit aucun effet. Un jour, quelqu'un soupçonnant qu'il y avait quelque intelligence entre la pupille et Cagliostro, lui témoigna le désir de lui amener une enfant tout à fait naïve et qui lui serait inconnue, pour qu'il travaillât avec elle. Cagliostro y consentit. La pupille fut donc amenée et Cagliostro, pour mieux convaincre ce personnage, voulut qu'il imposât lui-même les mains sur la tête de l'enfant, en lui faisant telles interrogations qu'il lui plairait.... L'incrédule reçut toujours les réponses qu'il désirait.

APPENDICE D

LE DOCTEUR PETÉTIN

Un jour le docteur Petétin fut appelé auprès d'une dame tombée en catalepsie. Quelques instants après son arrivée, la malade se mit à chanter, d'abord fai-

blement, puis un peu plus fort, une ariette d'une
exécution difficile et qu'elle modulait avec beaucoup
de goût. Pendant une heure et demie que dura ce
chant, elle était insensible au bruit, aux piqûres et à
tous les efforts que les parents employèrent pour se
faire entendre d'elle. Enfin elle s'arrêta fort oppres-
sée.... Quelques heures après, elle se remit à
chanter, bien que pour l'arrêter on la plaçât dans
les positions les plus pénibles. Petétin prit le parti
de la renverser sur son oreiller, mais, dans le mouvement qu'il cherchait à lui imprimer, le fauteuil
sur lequel il était assis s'étant dérobé sous lui, il
tomba à moitié penché sur le lit en s'écriant : « Il est
bien malheureux que je ne puisse empêcher cette
femme de chanter. — Eh ! monsieur le docteur, ne
vous fâchez pas, je ne chanterai plus, » répondit-elle.
Cependant elle ne tarda pas à recommencer, repre-
nant son ariette au point où elle l'avait laissée, sans
que les cris poussés à ses oreilles pussent l'interrompre.
Petétin eut alors l'idée de se replacer dans la position où il s'était trouvé par rapport à elle, au moment
de sa chute accidentelle. Il souleva donc ses couvertures et s'approchant de son estomac, il lui dit d'une
voix assez forte : « Madame chanterez-vous toujours ?
— Ah ! quel mal vous m'avez fait, répondit-elle, je
vous en conjure, parlez plus bas. » Le docteur lui
ayant demandé comment elle avait entendu, elle lui
répondit : « Comme tout le monde. — Cependant
je vous parle sur l'estomac. — Est-il possible ? »
Alors elle le pria de lui faire des questions aux

oreilles; mais elle ne répondit pas, quoique pour donner plus d'intensité à sa voix, il se servit d'un entonnoir. Revenant à l'estomac, il lui demanda si elle avait entendu : « Non, dit-elle, je suis bien malheureuse! » Quelque temps après, elle n'entendit plus, même par l'estomac.... mais elle entendait par l'épigastre, par l'extrémité des doigts et des orteils. Ensuite Pététin ouvrit sa tabatière et l'approcha par degrés du bout des doigts de la cataleptique, elle secoua la tête sur son oreiller et dit avec humeur : « Otez-moi ce tabac, il me fait le plus grand mal. » A une autre visite, le docteur, soulevant avec précaution les couvertures, lui posa une carte sur l'épigastre. La physionomie de la malade changea aussitôt et prit une expression d'étonnement, d'attention et de douleur : « Quelle maladie ai-je donc! Je vois la dame de pique. » Le docteur retira aussitôt cette carte, et la montra à tous les spectateurs stupéfaits. Il réitéra plusieurs fois cette expérience et toujours avec le même succès. Le mari, n'y tenant pas, tira sa montre et la posa sur l'estomac de sa femme. Après quelques minutes d'attention, la cataleptique dit : « C'est la montre de mon mari; il est dix heures sept minutes. » Cela était exact. Un autre jour, le docteur applique une lettre fermée sur les doigts de la cataleptique, qui lui dit : « Si je n'étais pas discrète, je pourrais en révéler le contenu; mais pour vous prouver que je l'ai bien lue, il n'y a que deux lignes et demie très minutées, » ce qui était vrai.

Un des assistants, ami de la famille, témoin pour la première fois de ces expériences, tire une bourse de sa poche, la met en cachette sur la poitrine du docteur, après avoir croisé son manteau : « Ne vous gênez pas, dit la malade, au docteur, vous avez sur la poitrine la bourse de M. B., il y a tant de louis d'un côté, et tant d'argent blanc de l'autre. »

Petétin fit sur une autre cataleptique, Mme de Saint-Paul, un grand nombre d'expériences dont il voulut rendre témoins plusieurs de ses confrères et d'autres personnes éclairées, et qu'il serait trop long de rapporter ici. Il y en a une cependant trop singulière, dit Figuier, pour être laissée de côté. « Une demoiselle qui avait été soignée par le célèbre Tissot de Lausanne, et dont la santé s'était améliorée, tomba en convulsions au premier coup de canon qui fut tiré lors de l'insurrection de Lyon, le 29 mai 1700. La catalepsie et le tétanos se déclarèrent de nouveau. Dans cet état, elle voit, de son lit, Petétin signalant son courage au milieu des batteries, et le lendemain, elle le blâme de s'être exposé avec si peu de ménagement. Le siège de Lyon sembla porter le dernier coup à la malade. Un dernier accès de catalepsie se prolongea au delà du sixième jour. On la croyait déjà morte.... Petétin s'avisa de l'électriser, et à la première étincelle qu'il en tira, elle ouvrit les yeux et reconnut tout le monde. L'électricité fit de tels prodiges que les forces et le moral de Mlle X. se rétablirent de jour en jour. Pendant le cours de ses accès, dont elle annonçait avec exactitude l'invasion et la durée, elle

prédit la sanglante journée du 29 septembre, la red-
dition de la ville le 7 octobre, l'entrée des troupes
républicaines le 8, et les proscriptions sanglantes or-
données par le Comité de salut public (1). »

(1) PETÉTIN, *Electricité animale*, p. 127; FOISSAC, *Rapports et
discussions sur le magnétisme animal*, p. 310-312; FIGUIER, *Histoire du merveilleux*, t. III, p. 280.

TABLE DES MATIÈRES

APPENDICES

BESANÇON. — IMPR. ET STÉRÉOT. DE PAUL JACQUIN.

CHEZ LES MÊMES ÉDITEURS

LETTRES

Adressées au R. P. HAHN, S. J.

A l'occasion de son MÉMOIRE intitulé :

LES PHÉNOMÈNES HYSTÉRIQUES

ET LES

RÉVÉLATIONS DE SAINTE THÉRÈSE

Réfutation de ce *Mémoire*

Par l'abbé A. TOUROUDE

Prêtre agrégé à la Congrégation des SS. Cœurs, dite de Picpus

1 vol. in-8°. Prix, *franco*, **2 fr.**

Ces *Lettres* ont valu à l'auteur l'approbation et les félicitations de cinq cardinaux, de trente archevêques ou évêques, d'un grand nombre d'abbés mitrés, de généraux d'Ordres, de supérieurs de grands séminaires, de professeurs de théologie, tant de la France que de l'Italie, de l'Espagne, de la Hongrie, de l'Allemagne, de la Hollande et de la Belgique.

Voici ce que lui écrivait Mgr Gay, évêque d'Anthédon, le 29 mai 1886 :

« Grâce à Dieu et à vous, l'affaire du P. Hahn est conclue. Votre première lettre était un coup mortel ; la seconde, avec les lumineux renseignements venus de Salamanque, était un acte de décès ; la troisième, qui contient, avec la condamnation prononcée par l'Index, les notes infligées au *Mémoire*, est un certificat en règle de sépulture. On ne peut que plaindre le P. Hahn, en le louant de s'être soumis ; mais il faut bénir Dieu de voir ainsi arrêtée, dès le début, une entreprise téméraire et funeste qui eût sans doute trouvé des adhérents et qui allait directement à rabaisser les œuvres de la grâce et à ébranler même les fondements sur lesquels s'appuie notre foi.... »

Le 6 mai 1889, le même prélat écrivant au R. P. Touroude, à l'occasion de sa brochure sur l'hypnotisme, ajoutait : « Puisque vous m'en fournissez l'occasion, j'en profite volontiers pour vous dire qu'à mon sens, il y a lieu de donner à vos savantes *Lettres au P. Hahn* toute la publicité possible. »

BESANÇON. — IMPR. ET STÉRÉOTYP. DE PAUL JACQUIN.

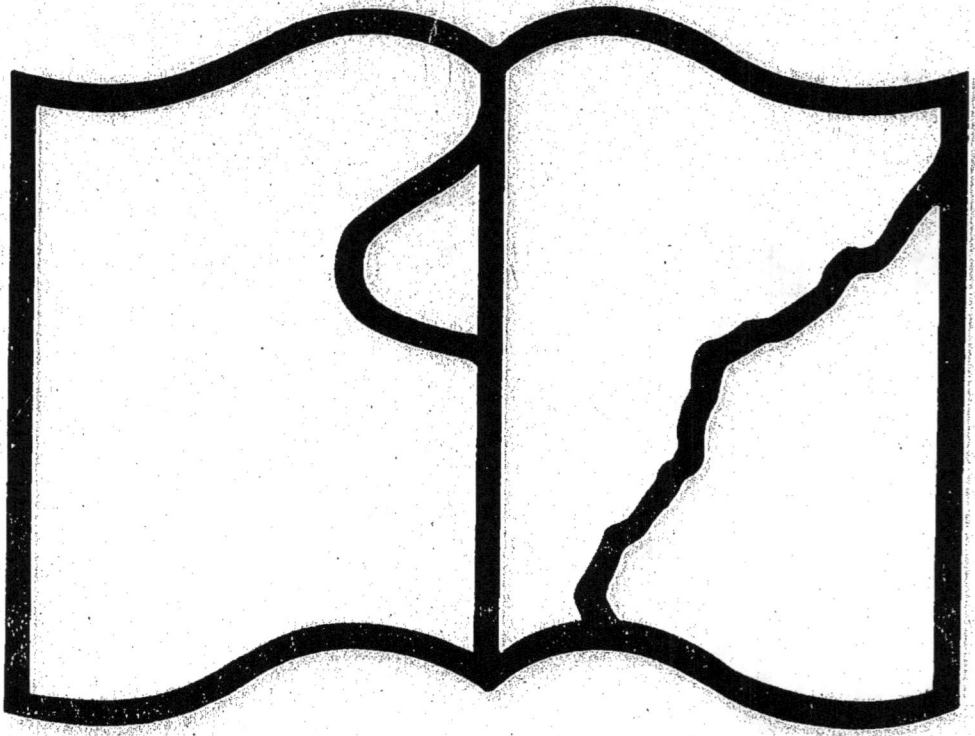

Texte détérioré — reliure défectueuse

NF Z 43-120-11